学校見聞録

学びの共同体の実践

学習院大学教授
日本教育学会前会長
佐藤 学

小学館

学校見聞録

学びの共同体の実践

——目次

第1部 内側からの改革を求めて

第2部 変わる世界の学校

装丁・本文デザイン・DTP／見留 裕（B.C.）
校正／目原小百合　編集／小笠原喜一
カバーイラスト／岡部哲郎

学校見聞録

学びの共同体の実践

小学館

第1部

内側からの改革を求めて

学校を訪問し教師と協同する

一、学校を訪れる

２００９年２月20日、新潟県五泉市立五泉南小学校を訪問した。同校への訪問は昨年に引き続き、２度目である。五泉市は新潟市と会津若松市の中間の阿賀野川の川辺に位置する人口６万人足らずの小さな市である。中心的な産業はニット織物であるが、近年の経済不況のあおりを受け、工場は閉鎖するか、統合するか、稼働を抑制する状況にある。

経済的には最悪の状況でありながら、同市の教育環境は決して劣悪ではない。革新市長の英断により、センター方式の学校給食が自校方式へと切り替えられ、各学校に対しては教員研修の予算の増額が図られた。この日、五泉南小学校は昨年に引き続き第２回の公開研究会を開いたが、この公開研究会も教員研修費増額の恩恵によっている。当日、佐藤功教育長は、多忙の合間をぬって同校を訪問して教室を観察されたが、「わずか1時間でも」という教育長の訪問は、同校の研修への励ましのメッセージであった。

暖冬とはいえ、新潟の冬は重い雲に空を覆われ吹く風は寒い。この日も最高気温が3度という底冷えのする校舎に県内を中心に130名以上の教師たちが、同校の公開研究会に参加していた。私もその参加者の一人である。

※

学校を訪問するときは、いつも身が引き締まり、心は躍動する。学校を毎週2校から3校平均で訪問することを始めて32年になる。これまで訪問した学校の数は、国内で約2500校、国外（23か国）で約300校になった。おそらく、世界どの国を探しても、私ほど多くの学校を訪問した者はいないだろう。これほど多くの学校を訪問しても、いつも「まだ不十分だ」「まだ足りない」という思いがつのる。そして、これほど多くの学校を訪問しても、どの学校の訪問もいつも新鮮であり、数々の発見と驚きに満ちている。本書「学校見聞録」は、そのような私の発見と驚きの経験を記述することによって、学校の動態を生き生きと読者に提供することを企図している。

もちろん、学校の現実を記述するといっても困難がつきまとう。学校の現実は子どもと教師の「プライバシー」によって覆われている。何らかのことを詳細にかつリアルに記述しようとすると、たちまちいくつもの「プライバシー」の壁につきあたってしまう。しかも、学校は数々の利害関係が衝突し合う場所である。一つの学校について何かを発言することは、たちまち、その事柄をめぐる複雑な利害関係や政争の中に何かを投げ入れることにもなる。私のように外部からの来訪者が特定の学校について、何かを記述し公表することは慎重に行わなければならないし、その言動に対しては責任を負わなければならない。

これらの数々の壁や難しさにもかかわらず、「学校見聞録」の執筆を決断したのは、複雑な転換期の日本において、教育の変化と改革の動態を学校現場の具体的な事実で報告することは、教育学者の責任の一つと

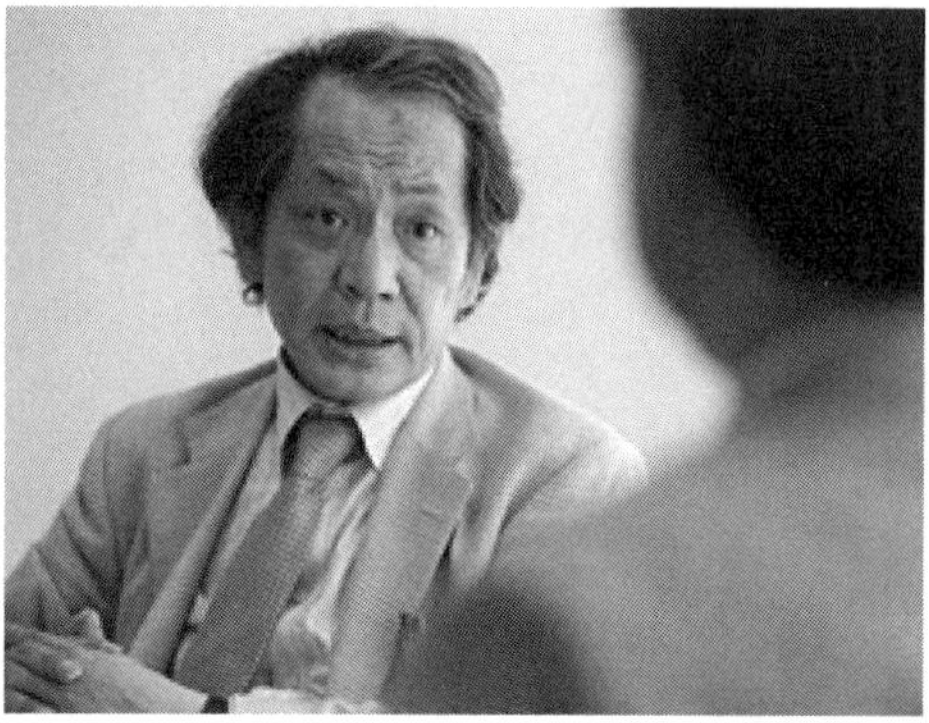

思うからである。学校は「教育の現場」である。そして、どのような教育改革の政策も理論も評論も「教育の現場」である学校においてでしか、その機能を現実化しないし、その意味は問われない。しかし、教育政策の決定者も教育学者も教育評論家も、「教育の現場」である学校に対してほとんど関心を払っていないし、「教育の現場」から学ぼうともしていない。政策が空回りし、理論が空疎化し評論が宙に浮いてしまうのは当然である。

医療も福祉もそうであるが、日本の教育は「現場」によって支えられてきた。とんでもない行政や政治やマスメディアのもとでも、医療や福祉や教育が一定の水準を維持し、正常に機能してきたのは、何よりも「現場」がまっとうであり、献身的であり、賢明であったからである。その「現場」が今、崩壊の危機に立たされている。

本書「学校見聞録」では、学校という「現場」の動態を子細に記述することによって、今日の教育改革の動態を学校レベルで検証し、その可能性を探りたいと思う。

二、内側からの改革

五泉南小学校において授業改革が本格化したのは、3年前、藤村郁也校長が同校に着任してからである。藤村さんと私が知り合ったのは、さらにその2年前、新潟県の退職校長である加納正紘さんが主宰している授業研究サークル「新潟自分探しの会」においてである。このサークルと私との関係は15年以上になる。このサークルの教師の一人、斎藤淳子さんは五泉南小学校に勤務しており、藤村さんと斎藤さんは運良く同じ学校に校長と研究主任という組み合わせで勤務することになり、さっそく「学びの共同体」を標榜する授業の改革と学校の改革に挑戦することとなった。そして改革を開始してから2年目のこの日、同校は2回目の公開研究会を開催したのである。

学校を訪問するときはいつも、子どもの声や身ぶりや表情に耳と目をすましながら門をくぐり、玄関へと向かう。この瞬間に、その学校がどのような学校なのか、前の年度よりどのような変化があったのか、そして教室における授業の成立状況や不登校の人数や問題行動の数の状況が、ほとんど1割以下の誤差で識別できる。なぜ、それが可能なのかと言われれば、答えに窮してしまうが、長年の経験からつかんだ職人芸の一つである。それほど、子どもの声や身ぶりや表情が物語るものは大きい。一般的に言って「明るく元気な学校」は最も問題の多い学校であり、子どもたちの声や身のこなしが柔らかく、全体として穏やかで静かな学校、表情も柔らかく自然で子どもらしい笑顔が見られれば、その学校の教育は優れているし前進していると見て、まちがいない。

五泉南小学校の訪問の第一印象は「子どもの声と身ぶりが去年以上に柔らかくなった」

であった。さっそく藤村さん、斎藤さんと一緒に教室を訪問した。期待以上の前進である。昨年の公開研究会においても「たった1年でよくここまで」と感動したが、この1年間の授業と学びの改革は「驚くほどの前進」と言ってよい。1、2年生の教室においては、穏やかでしっとりとした学び合いの関係（全員学習とペア学習）が生まれていたし、3年以上の教室では、どの教室でも4人小グループの協同的な学びと「ジャンプ」のある学びが実現していた。しかも、それら4人グループの学び合いは「共有」の学び合いと「ジャンプ」の学び合いの二つで構成され、この構成によって「わからない子の底上げ」と「高いレベルへの挑戦」が一つの授業の中で同時に達成されていた。

何よりも感銘を受けたのは、一人ひとりの教師が協同的な学びを中核とする新しい授業スタイルを自分のスタイルとして個性的に形成しつつあることだった。この日、すべての教室の公開を参観した後、新任3年目の山崎真紀子さんによる4年理科の授業「ものの温まり方」の提案授業が公開され、この授業を事例とするケース・カンファレンスが行われた。その授業のデザインに若い山崎さんの積極的な挑戦が見られたし、授業協議会における一人ひとりの発言にそれぞれの教師の個性的で多様な子どもの学びの事実の発見がうかがわれ、参加している私のメモは何ページもぎっしりと濃密な言葉で埋め尽くされた。

三、拠点校を創る

五泉南小学校での充実した公開研究会を終え、多くの参観者は市内の旅館望川閣へと移動して、加納正紘さんが主宰する「新潟自分探しの会」の冬の合宿研究会に参加した。私の参加も12年目になる。そこでは、静岡県富士市の岩松中学校（斎藤十朗校長）の中学2年の数学の授業、新潟県長岡市立上川西小学校の4年の「分数」の授業、五泉市立五泉南小学校の5年の文学の授業の三つのビデオ記録が提示され、「学びの共同体」の授業づくりについて集約的な学び合いが行われた。五泉南小学校のように、一つの学校の中で実りある授業の研修が実現できればよいが、その機会が少ない教師にとっては、この合宿研究会のように近隣の学校の教師たちで組織したサークルによる授業の事例研究は有意義である。そのネットワークが、各地の学校の一つひとつの教室の授業実践を支えている。

この合宿研究会の夜の懇親会において、多くの教師から学校の現状に対する嘆きとも絶望とも呼べる声がいくつも発せられた。学校経営が形式的で官僚化しており、多くの教師が孤立して悩みを抱え、煩悶している。地域と家庭の崩壊が激しく、子どもの多くが情緒的に不安定になり、子どもの間の諍いや親同士の喧嘩が後を絶たず、教師がそれらの対応に振り回されている現状、あるいは授業の研修をいくら行っても授業技術に走り、子どもの学びに目を向けられないため、多くの子どもが低学力のまま放置されている現状などである。残念なことに、ほとんどの教育改革の施策は学校内部では教師たちの支持を得ておらず、教室には届かないまま、教師の多忙と実践の混乱をもたらしている。

学校を訪問するたびに痛感することだが、学校は保守的な場所である。小学校では独特の保守性が支配している。学校を改革することは容易ではない。その鍵を握るのは校長なのだが、新潟県の保守性を反映して、行政も校長も保守的である。他県では多くの校長が「学びの共同体」づくりの学校改革の先陣を切っているが、新潟県においては、そのような校長は藤村校長をはじめ数人の校長に限られている。それだけに若手、中堅の女性の教師たちの誠実さと高いレベルの授業実践は、まぶしいほどの輝きを放っている。

教師も子どもも学び育ち合う学校へ

一、危機の中の学校

しばしば「理想の学校はどんな学校だとお考えですか」と問われ、その答えに窮してしまう。「理想の学校」など、考えたこともないからだ。これまで2500を超える学校を訪問して改革に協力してきたが、いつも求めたのはそれぞれの学校の最適の在り方であって、「理想の学校」を追求したことは一度もない。よい学校の姿は多様であり、よい学校の数だけある。それぞれの学校の子どもたち、教師たち、保護者たちが最も幸福になれる学校こそが、その学校の追求すべきヴィジョンであり、その学校の最適の姿なのである。

とはいえ、どの学校にも共通して求められるべき要件は存在している。学校は民主主義社会の建設という公共的使命を果たすべきであり、一人残らず子どもたちの学びの権利を保障し、一人残らず教師の専門家としての成長を促進し、地域社会の保護者や市民と連帯して学校づくりを推進する必要がある。この学校改革のヴィジョンと哲学を「学びの共同体」としての学校づくりとして推進してきたのである。

しかし、近年、どの子どももつぶさない学校、どの教師もつぶさない学校をつくることがいっそう厳しくなっている。その厳しさは、どの学校の教師も痛感している事柄だろう。経済危機と貧困の拡大は、子どもの生存権と学習権を脅かし、家庭生活の経済的文化的精神的危機を深刻なものとしている。その危機は子どもの心身を脅かし、情緒不安、学びからの逃走、攻撃的行動、対人関係の障害など、学校生活において困難を抱える子どもたちが急増している。それら複雑で多様な苦悩を抱える子どもたちを教師たちは引き受けて、日々の仕事を遂行している。その教師たちも、もう一方で職場の多忙化や相互の孤立や意見の対立などで憔悴しきる日々を過ごしている。

この学校の現実の中で、一人の子どももつぶさない学校、一人の教師もつぶさない学校は、どのようにして可能なのだろうか。学校を訪問するたびに、この二つの目標を同時に追求することの難しさを思い知らされている。一人の子どももつぶさないことが教師をつぶす結果に陥ったり、一人の教師もつぶさないことが子どもをつぶしてしまう結果に陥ってしまう事態に直面することもある。その場合は、学校の責任上、子どもの学びの権利を優先する解決をとることしかないが、その結果、私の関わっている学校だけでも、この数年、数人の教師が教師を辞める事態が生まれている。一人の子どももつぶすことなく、一人の教師もつぶすことのない学校は、どのようにして実現することが可能なのだろうか。

二、柔らかな優しさ

２００９年９月19日に訪問した新潟県五泉市立五泉南小学校（児童数５５３名）は、一人残らず子どもの学びの権利を実現し、一人残らず教師たちが専門家として学び育ち合う学校づくりを実現している学校の一つである。同校が改革に着手したのは３年前である。同校の校長として赴任した藤村郁也さんと、同校で研究主任をしていた斎藤淳子さんは、偶然、私が15年間参加している教師の自主的研究サークル「新潟自分探しの会」（加納正紘代表）の研究仲間であった。藤村校長は、斎藤さんと協同して同校を「学びの共同体」づくりの拠点校として改革するヴィジョンを職員に提起し、協同的な学びによる授業づくりを推進する研修活動を学校経営の中核とする学校改革に着手した。それ以来、私も同校を毎年訪問して、同校の教師たちの授業づくりと研修活動を支援してきた。今回の訪問は３度目になる。

五泉南小学校・平井涼さんの授業風景

どの地方都市を訪問しても同じだが、かつてニット産業で栄えた五泉市の経済的危機は年々深刻化する一方である。ニット産業の中小企業が集中する五泉南小学校の子どもたちの経済的危機は、東京や大阪の下町地域に匹敵している。その厳しい状況の中で、教師たちは「学びの共同体づくりの改革しか道はない」と語る。それだけの言葉を語らせるだけの前進が、同校では実現していた。藤村校長が同校に赴任した3年前、同校の不登校の子どもの数は18名であったが、現在は、親がフリースクールを経営してわが子を通わせている1名を除けば、不登校の子どもはゼロである。不安要素を複雑に抱え込む子どもたちが多い中で、一人残らず子どもたちが学び合う学校が現実化している。

午前中2時間、すべての教室を参観した。低学年の授業は、どの教室も穏やかさと親密さに包まれ、一人ひとりの個性と共同性が響き合う授業が展開していた。どの教師も言葉と身体がしなやかで、そのしなやかさが繊細な子どもとの関わりを実現していた。低学年の授業は、その学校の教育の質を示す一つのバロメーターと言ってよい。まず低学年の授業を参観し終えて、私は五泉南小学校の教育実践が安定しつつ前進をとげていることを確信した。この印象は、中学年、高学年の授業を参観して確実なものとなった。どの教室でも、一言で言えば「柔らかな優しさ」が充溢している。例えば、どの教室でも、わからない子、できない子のしぐさや表情が素敵なのである。わからない子、できない子たちが自然体で伸び伸びと授業に参加し、それぞれの個性をきらめかせながら学んでいる。こういう子どもたちの姿は、聴き合い学び合う関わりが成熟した授業の貴重な成果である。

教師たちの成長も顕著である。昨年から今年にかけて同校の教師は3分の1近くが入れ替わったが、新しく同校に着任した教師たちも、それぞれの個性を生かして自分らしい授業づくりに没頭していた。同校では教師も事務職員も調理員も一人ひとりが、自分の「研究課題」を設定して研修に励んでいるが、その個性と多様性を尊重した研修は確実な成果をあげていた。

　もちろん、3年間を通じて前進の一途をたどっているとはいえ、同校の改革に課題がないわけではない。授業における学びの質を高めるためには、すでに「ジャンプのある学び」に挑戦してはいるが、さらに高いレベルの学びを創造する必要性があるし、教師の授業における「つなぎ」と「もどし」の活動は、もっと高いレベルへの学びの創造と結びついて研究される必要がある。

　その意味で、午後に6年生の教室で平井涼さんが行った提案授業「水溶液の性質」（19ページ写真参照）と、2年生の授業「ひきざんの筆算」のビデオ・カンファレンス（授業者＝鈴木理佳）は、前記の課題への挑戦を示す貴重な研修の場となった。平井さんは、密封したペットボトルの中で二酸化炭素を水に溶かす実験において、「言葉」と「イメージ図」によって溶解の容態をモデル化する学びに挑戦し、鈴木さんは3桁の繰り下がりの演算式に挑戦させることによって繰り下がりの演算のルールについて発見的な学びを実現する授業に挑戦した。どちらの教室も一人ひとりの子どもの学びの参加は素晴らしいのに、あと一歩のところで「学びのジャンプ」を生み出せなかったのはなぜなのか。子どもの学びの筋道に沿って授業をデザインすることと、教材の内容の科学としての本質を学びの課題に翻案することの二つの課題について具体的に吟味することができた。

　県内外から150名の熱心な参加者を迎えて、公開研究会は大成功の一日となった。最も印象深かったのは、公開研究会を終えた直後に語った藤村校長の言葉である。

「私は若いころから授業研究に夢中になって取り組み、その結果、いつのまにか自分の『理想とする授業』という物差しで職員の授業を見る習癖をつくっていたように思います。その自分の狭さから私自身が抜け出さないと、これからの五泉南小学校の学校づくりは前進しないことを学びました」

このような校長が「柔らかな優しさ」を共有する教師たちと子どもたちを支えてきたのである。

三、希望の連帯

五泉南小学校の公開研究会を終え、教師たち約70名とともに新潟市郊外の月岡温泉の旅館へ移動し、この日から翌日にかけて「新潟自分探しの会」の研究会に参加した。このサークルと毎年1回の合宿研究会をもって、今年で15年になる。会を主宰するのは、長岡市、新潟市で小学校長を務めた経歴をもつ加納正紘さん。現職中も退職後も同会を主宰し、多くの若い教師たちを育ててきた。今年も、この合宿研究会の内容の濃さにひかれて、県内から50名、県外から20名の教師たちが参加してきた。助言者は、私と成城大学准教授の岩田一正さんである。

「新潟自分探しの会」の合宿研究会においては、授業のビデオ記録をもとにビデオ・カンファレンスを行う。今年は、前記の五泉南小学校の鈴木理佳さんの「ひきざんの筆算」の授業、大阪府和泉市立和気小学校の武内香さんの「スイミー」の授業、それに長岡市上川西小学校の横山直子さんの「やまなし」の授業のビデオ記録が提示され、事例研究が行われた。

2日間の合宿研究会を通じて感じたことは、学校外の自主的研究サークルの独自の重要性である。どの学校も「学びの共同体」として十全に機能しているわけではない。多くの教師たちが教師として専門家として成長するためには、「新潟自分探しの会」のような本格的に授業を深く研究する学びの場とネットワークが必要である。そして、この自主的ネットワークと五泉南小学校のようなパイロット・スクールが結びつくとき、学校改革の希望の連帯がより拡がり確かなものとなるのである。

学校は内側からしか変わらない

一、内側からの改革

学校は内側からしか改革できない、しかし、その改革が持続するためには学校の外からの支援が必要である。

この命題を私は「学校改革の弁証法」と呼んでいる。明治以来の日本の教育政策の最大の誤りは学校を外から改革してきたことにあるのではないだろうか。

外からの学校改革は、一見すると効率的でありダイナミックに見える。しかし、それらの改革はどれだけ教室の一人ひとりの子どもに届いただろうか。そして、それらの改革はどれだけ学校の実質的な改革として実を結んだろうか。そのほとんどは数年、もしくは十数年で跡形もなく消えうせたのではないだろうか。あるいは、その後遺症で学校は長年にわたって混迷し、教師たちと子どもたちはその混迷の中で苦しんできたのではないだろうか。

学校改革を子どもにとって教師にとって、そして地域にとって実りあるものにするためには、学校を外から変革するのではなく、内側から改革する必要がある。

たとえ、その事業がどれほど困難であろうと、そしてその取り組みがどれほど地道で気の遠くなるような日々の努力を必要としていようとも、学校は内側から改革するしか方途はないのである。

私が毎週、2、3の学校を訪問し教師たちと協力してきたのも、この信念に基づいている。日本には約2万の小学校、1万の中学校、5000の高校が存在する。毎週2、3の学校を訪問したとしても、一生かかってもその一割程度しか訪問することはできない。

しかし、そのいくつかの学校とでも好ましい協同の関係が築け、共に学校を少しでもよりよいものへと改革することが実現できれば、教育学者として本望だと思う。実際、一つの学校でもよりよい学校へと改革することは至難の業である。政治家や教育評論家や教育学者は、いつも高邁な改革論議を行っているが、一つの学校でもよいから教師たちと協同し、学校の内側からの改革に挑戦してみてほしい。そうすれば、いかに学校を変えることが難業であり、それと同時に学校という場所がいかに可能性に満ちた場所であるかを認識することができるだろうし、彼らは自ずから沈黙を強いられるに違いない。

私は、幸運なことに、数多くの校長や教師と協同する機会に恵まれ、これまで数多くの学校の改革に協力する機会を得ることができた。その多くは挫折と失敗の連続であったが、その経験から学んだことは計り知れないほど大きい。

２００９年2月も、また新たな学校への訪問の機会に恵まれた。岩手県奥州市立水沢中学校である。同校は佐藤孝守校長のもとで「学びの共同体」づくりの学校改革を3年間続けている。岩手県への訪問は数年ぶりである。

私の印象から言って、岩手、青森、山形、秋田という東北の教師たちは、もの静かだが内に秘めた情熱はしたたかである。関西生まれの私には真似のできない行動の誠実さがある。久しぶりの岩手県の学校への訪問は、そういう期待を抱かせた。そして同校を訪問した印象は、私の予感と期待以上であった。

二、改革の拠点

2月の末とはいえ、新幹線を降りると寒さが全身を包み、最高気温が2度という寒い一日だったが、学校の教室でも校長室でも不思議と寒さを感じることはなかった。それだけ、

温かな空気が同校を包んでいた。
　水沢中学校は、生徒数610名の規模の大きい学校であり、奥州市水沢区のほぼ中心に位置している。この地域は南部鉄で有名な地域であり、かつては高野長英、後藤新平、斎藤実を輩出し、最近はニュースの焦点となっている小沢一郎の故郷でもある。小さな町であり、富士通の工場があるだけで、富士通の労働者も2000人中1000人が配置転換という不況の真っただ中にある。地方に行けば行くほど、経済危機の苦難は重い。それらは目に見えないかたちで生徒たちの日々の暮らしを直撃している。生徒一人ひとりが日々の暮らしで背負っているものを洞察することの必要性を覚える。

そして戦前の山形県の生活綴方教師、村山俊太郎の言葉をいつも思い起こす。「世代の苦悶を子らとともに悩み、教室を社会にかよわせる」この村山の言葉は、今の日本において教師たちに求められるものを言い当てている。

学校に到着すると、さっそく佐藤校長の案内ですべての教室を参観した。どの学校を訪問したときも、まず観察するのは生徒たちの身の所作と言葉の響きである。水沢中学校の生徒たちの身の所作は純朴なほどに素朴であり、思わず私自身の離れ小島での中学校生活を思い起こしたほどである。生徒たちの言葉の響きの柔らかさも印象深かった。

中学3年生は、受験の真っただ中という状況にありながら、決して高ぶることなく平常心をもって自然体で学び合っていた。その姿からも知られるように、この学校には生徒たちを温かく包み込み励ます何かが存在している。その何かは今の中学校の多くが失っているもののように思え、それだけに水沢中学校の生徒たちが醸し出している素朴さと柔らかさは強い印象を与えた。

すべての教室を参観したが、どの教室においても机と椅子がコの字型に配置され、どの授業においても男女混合4人による小グループの学び合いが導入されていた。このスタイルを導入して3年目を迎えたという。3年間の実践の蓄積は大きい。どの授業においても、教師の声のテンションは低く、心地よい落ち着いた言葉で生徒とのコミュニケーションが図られていた。

同校を訪問したのは初めてだったが、最初の訪問で、これほど教師の声のテンションが低く、生徒との対話的コミュニケーションが実現している学校は初めてである。佐藤校長は、3年間にわたって、多くの教師を静岡県や東京都の「学びの共同体」づくりの拠点校へと派遣しており、その研修の結果、次第に授業の改革が着実なものになったと語っていた。

水沢中学校が、今後、岩手県の学校改革の拠点校としての役割を果たすことは明らかである。それほど、同校の授業実践は安定しており、生徒たちは学び合いに精通し、教師たちは授業のレベルを向上させていた。わずか3年間で独力でここまで導いた佐藤校長のリーダーシップも優れているが、それ以上に、一つの学校の中で教師たちが「改革のヴィジョン」を共有することの大切さを改めて痛感した。

三、希望への挑戦

同日、午後は、中学1年の社会「江戸幕府の成立と鎖国」を阿部信博教諭が提案授業として行い、校内協議会がもたれた。授業においては、鎖国にもかかわらずベトナムから将軍に象が贈られた史実を提示し、それでも鎖国と言えるかどうかをめぐって疑問と意見が交換され、鎖国の歴史的意味や背景を探究する展開となった。授業の開始直後に、1回目の小グループの学び合いが導入され、そして授業の後半においても高い課題に挑戦する「ジャンプ」のための小グループの学び合いが導入された。

この日、1年生の教室の社会科の授業で協議会がもたれたことは有効だった。1年生は3年生ほどには「学び合い」に精通しておらず、社会科の授業は「資料の選択」と「課題のデザイン」が授業の成否を決めるので、協同的な学びをどう授業で体現するかを検討するには格好の事例となるからである。

そして、その期待通りに、この提案授業と授業協議会は、改めて協同的な学びの意義を具体的に検証し、学びをデザインし組織する教師の役割について明確化するものとなった。このクラスの生徒たちは1年生とは思えないほど学び合いを円滑に進めていたが、それでも探究的活動においては学び合いがもどかしいほど逡巡する場面も随所に見られ、この授業における前半の「共有の学び合い」と後半の「ジャンプの学び合い」の構成が多少無理があることを明らかにしていた。

阿部さんの授業は、最初から言葉を控えめにし、生徒のつぶやきをつなぐことに専念して好感のもてるものであったし、生徒たちとの息づかいも一つになって心地よい授業であったが、もう少し生徒を細やかに見て指名していれば、と思われる箇所が数か所あった。協議会では、これらの点をとおして、同校の「学びの共同体」づくりの現段階が明瞭となり、今後の同校の研究課題が鮮明なものとなった。やはり3年間の蓄積はすごいものがある。協議会を終えての感想である。

同日の夜は、私の新幹線の乗車までのわずかの時間、同校の教師たちとの懇親会がもたれた。「おばんです」で懇親会が始まるのは、福島県、岩手県の特徴である。その「おばんです」で始まる佐藤校長の開会の挨拶の直後から、会場はなごやかで温かい雰囲気に包まれた。朝から感じ取っていた同校の生徒たちの穏やかで温かな雰囲気は、この教師たちの同僚性がつくりだしていたのである。私もその雰囲気に包まれ、まるで3年間通い詰めた学校のように、同校の一人ひとりの教師たちに親近感を覚えていた。わずかの時間にもかかわらず、次から次へと一人ひとりの教師が私の隣の席を訪れ、かなり具体的な質問を寄せてくる。この教師たちは学び上手である。私も学び上手にならなければ、この東北の誠実さにはついていけない。そんなさわやかな印象をもった訪問となった。来年度の同校への訪問も楽しみである。

ベテラン教師の授業改革に魅了される

一、学校が変わる・授業が変わる

山口県宇部市の常盤中学校（白石千代校長）への訪問を始めて3年目になる。宇部市は人口18万人、明治以降、石炭産業で栄えた小都市であり、戦後の炭鉱の没落によって一時は経済力を失ったものの、瀬戸内臨海工業地帯を形成し、セメント産業で有名である。しかし、世界不況の波はこの小都市をも襲い、それぞれの学校では経済的文化的に困難を抱える子どもたちが増えている。かつての炭鉱地を校区にもつ常盤中学校は、今なお困難を抱える生徒たちが多数通学する学校である。

白石校長が常盤中学校に着任したのは平成17年度。問題行動が多発し、低学力に苦しむ学校だった。生徒の現状に憂慮した白石校長は、同じく「困難校」で知られる広島市立祇園東中学校を訪問し、北川威子校長（当時）の推進する「学びの共同体」づくりの学校改革の成果を目の当たりにして、改革への希望をつのらせた。翌平成18年度には全学級で教室の机の配置をコの字型にし、男女混合4人グループの学び合いを導入して一人残らず生徒が学び合う授業の改革に着手した。私が同校を最初に訪問したのはこの年である。「学びの共同体」づくりを推進するどの学校でも見られるように、常盤中学校においても一人残らず生徒たちは学び合いに参加するようになり、不登校の生徒数や問題行動の件数は激減し、2年目には学力水準も市内の最低レベルから平均以上のレベルへと上昇していった。その変化は劇的とも言える変化だった。

同校の自主的な改革の挑戦は市内の他の学校を触発するものとなり、平成19年度から同校は宇部市教育委員会の推進する「学びの創造推進事業」のパイロット・スクールとして、宇部市全体の学校改革の拠点校としての役割を担うようになる。平成20年度には「学びの創造推進事業」のパイロット・スクールは、常盤中学校に加えて東岐波中学校、黒石中学校、楠中学校が参入し、これらの学校は富士市立岳陽中学校元校長の佐藤雅彰さん、広島市立祇園東中学校元校長の北川威子さんをスーパーバイザーとして学校改革を推進している。この広がりを支援しているのが、常盤中学校の改革に当初から熱い視線を送り続けてこられた前田松敬教育長である。前田教育長は私が同校を訪問するたびに、教育委員全員と一緒に同校の教室のすべてを参観し、白石校長と教師たちを励まし続けてこられた。現在、宇部市教育委員会は、市内のすべての学校（小学校24校、中学校13校）を「学びの共同体」の学校改革のネットワークでつなぐ事業を計画し推進している。同様の事業に取り組む市町村の教育委員会は少なくないが、宇部市教育委員会の取り組みは、今後、最も有力な取り組みの一つとなるだろう。

二、改革を持続する難しさ

しかし、改革を何年も持続することは、子どもを取り巻く環境の劣化と崩壊が激しい状況において、決して容易なことではない。同校への3度目の訪問で学んだのは、その厳しさである。いつもの訪問通り、朝学校を訪れると、午前中すべての教室を参観したのだが、2年生の教室がどこか落ち着きがない。教室に数人であるが、学びの希望を失いかけている生徒たちも散見される。1年生や3年生の教室では、どの教室でも学び合いに夢中になる生徒たちが多数派であるのに、2年生の教室はどこか冷めた空気が流れ、うつろなまなざしの女子生徒も増えている。女子生徒に着目すると、小グループになっても、お互い目と目を合わさない関係が散見される。こうなると危険水域に達しつつあると言っていい。

いったい、なぜ、こうなったのか。白石校長に聞くと、地域を経済的困窮が直撃し、情緒的に不安定な生徒や家庭で傷ついた生徒が急増して、その生徒たちへの対応に教師たちが精いっぱいという状況にあるという。その話を伺いながら、中学校の陥るパラドクスの難しさを思う。これまでいくつもの中学校で経験してきたことだが、生徒が荒れだすと教師たちは心を痛め、荒れの解決に熱意をもって取り組むことによって、逆説的にではあるが、その学校はますます崩壊へと導かれてゆく。教師たちは生徒の惨状に心を痛め、生徒たちの荒れに夢中になってしまうだけに、このパラドクスの罠が見えにくい。気がつくと、教室の生徒全体が冷ややかで荒んだ状態となり、授業は教師の虚しい声だけが響く時間となる。

なぜ、教師たちは数名の荒れた生徒が現れると、その生徒たちに意識が集中し、その生徒たちに踊らされてしまい、他の大多数の生徒たちの学びの権利を見失ってしまうのだろうか。生徒たちが困難に陥れば陥るほど、教師は一人ひとりの生徒の学びを実現することに専念し、どの一人の学びもないがしろにしない授業を創造すべきなのである。それが、結果的には、荒んだ数名の生徒たちの学ぶ権利を実現することにもつながる。この荒れる生徒に対する教師の熱心な対処が生み出す授業崩壊のパラドクスについては、どの中学校でもまっとうに議論されるべきだろう。荒れた学校には必ず熱血教師が存在するが、荒れた生徒と熱血教師は共犯関係を築いていることに留意する必要がある。荒れた生徒が出ない学校にするためには、荒れた生徒にパラノイアのように関わる教師をなくさなければならない。

学校は民主主義の場所でなければならない。荒れる生徒も学校の主人公の一人だが、教室でおとなしく耐えている生徒一人ひとりも同じ主人公の一人である。荒れる生徒と同等の関わりがどの生徒にも保障されるべきである。そうでなければ、学校が荒れから脱出することはない。今回の訪問は、中学校の改革における最も困難で最も重要な問いを再考させてくれる貴重な経験となった。

三、熟練教師から学ぶもの

この日、授業協議会の提案授業を行ったのは、今年で退職というベテランの数学教師、古谷勝代さんであった。「退職前の花道」を準備した白石校長の気配りも素晴らしい。

同校への訪問は3度目だが、これまで古谷さんの授業は数分とはいえ、2度も見ているのに印象は薄かった。初年度と2年度は問題のない学校にするのに必死だったため、古谷さんの数学の授業を見ても「ここは順調、素晴らしい」と一言で片づけて、次の教室にさ

古谷勝代さんの授業風景

っさと移動していたのである。私自身が「荒れのパラドクスの罠」にはまっていたと言える。その私に猛省を促すほど、古谷さんの数学の授業は素晴らしかった。

古谷さんの授業は3年の「無理数の導入」であった。「無理数の導入」にあたって、古谷さんは、誰も試みたことのない新しい教材を開発して授業に臨んだ。まず面積が1の正方形を準備する。これを使えば、面積4の正方形と面積9の正方形は容易につくれる。面積1の正方形を斜めに二つに分けて四つ合わせれば面積2の正方形もつくれる。それだけのことを前時で行ったうえで、本時の授業である。

本時の最初の課題は、面積1の正方形と面積9の正方形を使って面積5の正方形をつくる課題である。2番目の課題は、今つくった面積5の正方形と面積1の正方形を使って面積3の正方形をつくることである。そして、最後の「ジャンプ」の課題は、残りの面積6、面積7、面積8の正方形をどうつくるかという課題である。つまり、面積1の正方形を使って、面積2、3、4、5、6、7、8、9の正方形をつくるという数学的にも興味あふれる課題が「無理数の導入」の単元として考案された。この教材づくりだけでも、「さすがベテラン」とうならせるものをもっている。

授業が始まるとさらに感動した。古谷さんの言葉や物腰が柔らかいのである。還暦前だというのに、まるで若々しい乙女のような柔らかさである。その無駄のない言葉遣い、洗練された自然な語りかけは、古谷さんのもの静かな人柄と生徒への温かみがにじみ出ている。そのためだろうか。これほど難解な課題が提示されているのに、生徒は誰一人嫌そうな顔をせず、これからの学びへの期待感にわくわくしている様子である。

授業の開始時点でもう一つ、私が感銘を受けたことがある。教室全体を安心と信頼の息づかいが包んでいることである。この生徒たちを包み込んでいる信頼感は何だろうか。それはおそらくは次の二つである。一つは、どんな難しい問題が出ても小グループの仲間同士で学び合い理解し合えるという安心感と仲間への信頼感である。もう一つは、古谷さんに教えてもらえば、どんな高度の数学の問題でも理解できるようになるし、数学が好きになるという信頼感である。事実、この生徒たちのほとんどは「数学大好き」の生徒たちへと育っていた。それほど古谷さんの授業は魅力的である。

古谷さんの提案授業は、100名を超える参観者たちを圧倒する授業だった。授業の開始前は、古谷さんが設定した三つの学習課題がいずれも中学生の生徒には高すぎることに疑念をもつ人がほとんどだった。「ジャンプのある学び」を提唱し続けている私でさえも、古谷さんの授業のデザインは無謀ではないかという懸念を抱いたほどだった。しかし、授業が始まると、その懸念が的外れであることを知らされた。手元でモデルを操作し、男女混合の4人グループで協同で学び合いながら、生徒たちは次々と三つの難問に挑戦し、解決していったのだ。完璧な授業だった。

古谷さんはもの静かな教師である。学校を訪問するたびにつくづく思う。日本の学校は、古谷さんのようにもの静かな素晴らしい教師たちによって支えられているのである。

進展する高校の授業改革

一、改革の始まり

2009年6月、滋賀県立彦根西高校（櫟《いち》敏校長、普通科320人、家庭科240人）を訪問すると、正門横に「『学びの共同体』推進校―授業改革を進めます―」という大きな垂れ幕が青空をバックにたなびいていた。黄と白の布地に書かれた黒の太文字がまぶしい。この日は同校の公開授業研究会、近隣の高校を中心に200人近い教師が参加し、同校のすべての教室の授業と提案授業を参観した。

一昨年以来、全国各地の高校の授業改革に協力する機会が増えている。特に、今年は、高校からの訪問依頼が激増し、毎週数件、依頼のメールが届けられる。そのうち訪問できるのは1割程度でしかないが、それらの学校を訪問するたびに、今、高校に地殻変動のような授業改革のうねりが生まれていることを実感してきた。

毎週のように届く高校からの依頼は、大別していわゆる「進学校」といわゆる「困難校」の二つであり、中間レベルの高校からの依頼は少ない。そして興味深いことに「困難校」も「進学校」も依頼の内容は同じである。「授業が成立しなくなった。授業の改革に協力してほしい」である。

当然と言えば、当然である。これほど社会が変わり教育も変わったというのに、日本の高校の授業風景と言えば、半世紀以上も何一つ変わることなく旧態依然とした一斉授業が繰り返されてきた。そして受験による強迫とテストによる管理。しかし、このいずれもが、もはやほとんどの生徒に対して効力を失っている。教室では、突っ伏して顔をあげない生徒、おしゃべりがとまらない生徒、内職に専念する生徒、そしてノートはとるが何も考えない生徒が大半を占め、授業に参加して学んでいる生徒は数人しか見当たらない。それでも大声をあげ、授業を遂行している教師は、この異常な風景を常態として受け入れてしまうほど、教師としてのまっとうな感覚や感性を麻痺させて仕事を続けるしかない。生徒と同様、教師もまた一斉授業の教室の被害者である。

高校の授業はなぜここまで硬直してしまったのか。その責任を高校教師だけに求めるのは酷だろう。文部科学省は、小学校、中学校の教育や教師の研修については義務教育とい

彦根西高校の正門の横に掲げられた垂れ幕

うこともあって責任を自覚して積極的に対応してきた。市町村教育委員会も同様である。しかし、文部科学省は、高校に対しては、それが都道府県教育委員会の管轄ということもあって、学習指導要領を公示する以上の積極的な関与は行ってこなかった。

他方、都道府県教育委員会は、高校に関しては入試制度の設計と管理に終始し、カリキュラムの内容や授業の改善や教師の研修に関しては、管理責任をほとんど放棄してきたと言っても過言ではない。

責任は行政にあるだけではない。私たち教育学者も学校に赴いて授業研究を行うのはもっぱら小学校であり、高校を訪問し高校教師とともに授業の改革を推進する教育学者は皆無に等しい。それらの無責任体制が、戦後60年以上も続いてきたのである。ほとんど化石とも思える講義調の授業はその結果であり、教師だけが熱弁をふるう空回りの授業に生徒の誰もが背を向けてしまうのは当然の帰結である。

私の研究室を訪問する高校の校長と教師は、口をそろえて「講義調の授業はもう限界です」と言う。実際、ほとんどの高校において、生徒の学力レベルは入学時から下降の一途をたどるし、事実、日本の高校生の学習意欲と読書量は世界で最低まで落ち込んでいる。「学力低下」は、小学校と中学校の教育を中心に議論されてきたが、その中心は高校にあることを深く認識する必要がある。高校教育の「質」の改善こそが、日本の教育改革の中心問題なのである。

二、生徒の学び合いに学ぶ

彦根西高校の授業改革の挑戦は、まさに始まったばかりである。それだけに瑞々しく、教師も生徒も溌剌としていて新鮮だった。どの教室でも机はコの字型に配置され、どの授業においても男女混合4人の小グループの協同的な学びが導入されていた。おそらく参観者の誰もが驚いたのは、生徒たちが誰一人として突っ伏したり、おしゃべりに逃避したり、内職に逃げ込んだりしていなかったことだろう。どの生徒も誠実に学び合っており、それを支え励ます教師と信頼の感情で結ばれていた。

総じて、教師の声のテンションが低いのも印象的であった。まだまだ説明の箇所になると、教師の一方的な空回りの語りが払拭されていないものの、一般の高校の教室と比べると、教師の声の大きさと言葉の量は3分の1程度に抑制されており、それに応じて、生徒の活動が積極的となり、生徒の言葉と思考が柔軟で繊細になっている。わずか数か月の取り組みとは思われない風景である。やはり高校の教師たちは潜在的能力において優れているし、生徒たちは小学生や中学生以上に学び合う能力もコミュニケーションや関係づくりの能力においても優れ、大人である。

彦根西高校は、かつては退学者・転学者・原級留置の多い「困難校」であった。いわゆる「進路変更者」の数は5年前の90人以上から昨年は30人以下まで減少した。退学者は5年前の58人から昨年は19人まで減少している。今年は10人以下をめざしたいと校長は語っている。授業改革の効果は著しい。

教室の机の配置をコの字にして授業のスタイルを変え、小グループの協同を導入して学びの様式を変えるだけでは、生徒の学力は向上しないし、学びへの希望も育たない。もう一つ重要なことは、高いレベルの学び（ジャンプのある学び）に挑戦することである。逆説的であるが、「困難校」であればあるだけ、高いレベルの学びを導入しなければならない。退学する生徒の大半は「授業のレベルが低すぎる」ことに絶望してやめていくのであり、「授業のレベルが高すぎる」ことに絶望してやめる生徒は一人もいない。この事実を教師はしっかりと認識すべきである。

しかし、いったい、どうやって学力の低い生徒たちに「高いレベルの学び」への挑戦を促すことができるのだろうか。彦根西高校の教師たちと生徒たちは、「共有」（底上げ）の学び合いと「ジャンプ」の学び合いの二つを一つの授業の中に組み込んで、この矛盾をはらんだ逆説的な課題に正面から取り組んでいた。

三、改革の進展

彦根西高校が、授業改革の挑戦に取り組む契機は、研修主任（夏原教諭）を中心に全校の教師たちが「学びの共同体」の拠点校を訪問したことによる。広島県立安西高校、東京大学教育学部附属中等学校、長野県佐久市の望月高校、宝仙学園・中学高等学校（東京）、茨城県立茎崎高校など、「学びの共同体」を掲げて授業改革を推進している高校を、昨年1年間で26人（延べ31人）の教師が訪問し視察した。百聞は一見にしかず。まず教室の事実を参観すること、その経験が改革の出発点を準備する。改革にとって何よりも重要なのはヴィジョンの共有である。ヴィジョンが形成されることなしに、あらゆる改革は達成されることはない。

全国の拠点校を視察する一方で、同校では、昨年秋、名古屋女子大学の和井田節子さん（現在、共栄大学教授）、そして東京大学教育学部附属中等学校の前副校長の草川剛人さん（現在、帝京大学教授）を講師に招いて、授業研究協議会を開催した。講師のお二人は、高校での授業づくりの豊富な経験をもち、全国各地の学校改革のコンサルテーションを行っている。二人を招いての授業協議会は、取り組むべき授業の具体的イメージを明確化する効果があった。

午後の提案授業では、200人を超える参観者が体育館において、辻穂高さんの1年生を対象とする英語の授業を観察した。辻さんは教職2年目の教師である。初任教師であった昨年は、英語を苦手とする生徒たちを前にして悪戦苦闘の日々だったという。授業は、いわゆる訳読式と呼ばれる伝統的な一斉授業で行ったのだが、ほとんどの時間を訳読に費やし、生徒の多くが授業から脱落していった。その苦い経験の反省から、辻さんは今年、画期的とも言える試みに挑戦している。教室の机の配置をコの字にし、男女混合4人の小グループの協同学習を授業の全体に導入しただけでなく、あらかじめすべての訳文を生徒にわたして翻訳に費やす労力を軽減し、より内容のある授業、より高い質の学びが実現できる授業に取り組んでいる。その成果もあって、今年の1年生の生徒たちは、どの生徒も英語が苦手であるにもかかわらず、お互いに支え合って誰もが夢中になって学びに没頭するようになった。

実際、この日の授業においても、最初のリーディングの段階からカタカナ読みの拙い発音にもかかわらず、どの生徒もはっきりと明瞭な声で音読していた。その発音が拙いだけに、どの生徒もしっかりと声を出して音読している様子は感動的でさえあった。教室のほぼ半数が一人ずつ音読した後、生徒たちは小グループで支え合いながら8ページに及ぶワークシートに沿って文法事項を学び合い、リスニングを学び合い、リーディングを学び合い、英作文を学び合い、内容理解を学び合っている。一つひとつの課題は、この生徒たちにとってはすべてが「ジャンプ」を求められる高いレベルなのだが、小グループ内の相互の支え合いによって、ほとんどの生徒が完全に達成している。この生徒たちの姿は、彦根西高校の希望であり、全国の高校の授業改革を求める教師たちの希望である。

地域の風土記としての学校

一、地域の中の学校

学校は地域の風土記である。それぞれの学校は地域の歴史と文化の集約点であり、その性格は、これからどんな時代がきても変わることはないだろう。そのことを今さらのように実感したのは、佐賀県杵島郡白石町の有明東小学校（山村小百合校長）を訪問したときである。前泊した嬉野温泉から深沢幹彦さん（元・静岡県熱海市立多賀中学校長）と一緒に前田教頭の車で一路、学校へ向かう。有明の干拓の歴史は幕末の藩政改革に遡る。道路はいずれもかつての堤防であり、干拓の長い歴史を物語っている。

有明東小学校への訪問依頼を最初に受けたのは3年前である。5年間学びの共同体づくりに腐心してきた山村校長の退職の年ぎりぎりに念願の訪問が実現した。行けども、行けども、干拓地が広がる。有明東小学校は広大な干拓地の海岸に接近したあたり、有明湾を一望できる地域を校区にしている。よく見ると、海岸の防波堤に沿って波状に開拓村として建てられた住居はどれも傾き、学校から海岸に向かう道路は波打っている。長年にわたる地下水のくみ上げによって地盤が沈下しているのである。同校の校舎は見渡す限りの畑地の中にポツンと立っている。最も近いバス停からでも徒歩30分、校区は半径4キロメートルに及ぶ。その同校の校舎も、築23年ほどの鉄筋コンクリート建築だが、地盤沈下の影響で微妙に傾いている。

有明東小学校が創設されたのは明治8年で、当時の校名は牛屋小学校。まだ塩が抜けない干拓地で、労働力となる牛の供給が生業の中心だったのだろう。創設6年後に着任し、23年間にわたって校長を務めた千布亨は、「勤労」と「秩序」を2本柱とする教育を推進したという。開拓の歴史を彷彿させる逸話である。明治41年に同校を訪問した文部省の視学官が千布校長の熱血教育に感激した記録が残されており、日本一の教育と評価されていた信濃教育を引き合いにし、「科山（信濃）の月より有明湾の月が美しい」という歌を詠んでいる。正門わきには昭和26年に建立された千布校長の頌徳碑が建立され、いかに開拓精神が地域の文化と教育の風土を形づくってきたかを伝えている。その感慨を胸に旧校舎の写真を眺めるとき、木造の旧校舎はそれだけ見ると、北海道の建造物を思わせる威容を誇っている。旧校舎が建築され改築されたのは、大正末から昭和10年代である。満蒙開拓に代表される外地の開拓と並行して、内地の山地や干拓地においても入植と開拓が活発に展開した。その歴史の片鱗をこの有明の地の旧校舎の写真は物語っていた。

干拓地の労働の厳しさは現在も変わっていない。地域の人々は有明海での海苔の養殖と畑地での玉葱づくりで年間を通じて休む暇がない。山村校長は、同校の授業参観日が母親たちに喜ばれるのは、地域の目も家族の目も気にしないで「ほっとできる」時間が過ごせるのは、授業参観日ぐらいしかないからではないかと語る。その実態はこの日の保護者の熱心な授業参観の様子からもうかがえた。それだけではない。小学校1年の教室を参観すると、入学後半年を経過しているのに、教科書の文字をたどたどしく一字ずつしか読めない子どもが4分の1近く存在している。今時の学校では珍しい光景である。それだけ、地域の労働は家族ぐるみの労働で支えられており、保護者たちは日々労働に追われている。

地域の風土と学校内の子どもの状況とのつながりは、それだけではない。4年生以上の学年になると、女の子の授業への参加が消極的になる傾向が見られる。それだけ母親たちは祖父母や地域の人々への気配りの中で日々暮らしているのだろう。有明東小学校は、その存在そのものが干拓地という風土を集約する学校として存在し、その文化を改造し、再創造する使命を担って教育活動を展開している。

有明東小学校の素晴らしさは、地域の歴史と文化の課題をまるごと引き受け、保護者や住民の熱い信頼と期待を受け止めて、その信頼と期待以上の成果を生み出していることにある。私自身、同校への訪問をとおして、とかく抽象的に語りがちな学校改革に関する議論の薄っぺらさを痛感した。どの地域の学校も、それぞれの地域の歴史と文化の固有性に根ざしており、地域の暮らしと文化の未来を担っている。そのことを具体的に認識することなしに、学校の現在と未来は語れない。

二、学校が内に開かれること

山村校長は校長に着任する前は、障害児教育に長く携わってきたという。その経歴もあって、実に細やかに子どもと教師を見守っている。ご主人は地球の生態学を研究する科学者である。山村さん自身も穏やかな言動の中に知的精神が息づいている。この校長のもとなら、教師も子どもも幸せな日々を過ごせるに違いない。山村校長と会った私の第一印象である。実際、有明東小学校への訪問において最も印象深かったのは、自由に伸び伸びと教育実践に打ち込む教師たちの姿だった。同校は児童数１４０名、校長、教頭、教諭、講師を合わせて12名の小さな学校である。その小ささを感じさせない伸びやかさがこの学校にはある。子どもも教師も自然体で伸び伸びと学校生活を過ごしているからだろう。この伸びやかさの基盤に、山村校長の細やかな心遣いと知的な見識に基づく学校経営がある。

山村校長は、「一人ひとりの子どもが安心して学びに没頭できる教室がつくられるためには、一人ひとりの教師が生きがいをもって授業実践に打ち込める職員室がつくられなければならないと思う。校長としての私の責任は、そういう職員室をつくることにあると思って5年間、学校づくりを進めてきました」と語っていた。こういう学校に勤める教師は幸せである。

山村校長の話を聞きながら、私は丸山真男の著書の一節を思い起こしていた。丸山は『日本の思想』の一節で「外に開かれるためには内に開かれなければならない」と論じていた。それを敷衍して言えば、学校が地域に開かれるためには、学校は学校内部にも開かれなければならない。山村校長の「学びの共同体」づくりの学校改革が、校内研修の充実を基軸に推進してきたのは、彼女にとって必然的であり、まっとうな筋道であった。

山村校長の学校改革は、同じく「学びの共同体」づくりに熱意を抱く前田教頭が着任した3年前から本格化した。校長と教頭の提唱に教師たち全員が呼応し、「聴き合う関係」づくりを基盤とする「学び合い」を実現する授業改革が推進され、保護者と協同の学校改革が推進された。低学年の教室ではペア学習、3年生以上の教室では男女混合4人組の小グループ学習が導入され、「ジャンプのある学び」の実現が追求された。その結果、どの子も授業を楽しく受けるようになり、不登校の子どもはゼロ、学力水準も全国平均以上のレベルに改善され、保護者の学校への信頼と期待はいっそう高まった。同校の教師たちの希望通りの確実な成果である。

三、改革の拠点校へ

外に開かれるために内に開く、という同校の学校改革の論理は、この日の「公開授業研究会」のスタイルにも示されていた。この日は「魅力ある学校づくり推進事業実施校」としての公開研究会であり、県内外から多数の参観者が訪問していたのにもかかわらず、研究会は保護者の授業参観と教師の校内研修の日常的取り組みの公開というスタイルをとり、何ら仰々しさも形式的なこともなく、わずか数ページの印刷物とわずか数分の校長挨拶だけで進行した。だからといって、決して内容が薄かったわけではさらさらない。

軽やかでさわやかな一日の研究会であったが、午前中の全クラスの授業公開（保護者の授業参観を兼ねる）と午後の提案授業と授業協議会のいずれも、教室の事実から学べる内容は凝縮しており、公開研究会に慣れ親しんできた私自身も、研究会が終了した夕刻には

角教諭の授業風景

ふらふら状態になるほど、充実した一日となった。九州の地、佐賀県にまた一つ、「学びの共同体」づくりの改革の拠点校が建設された。その意義は大きい。
私を含め、この日有明東小学校を訪問した参観者たちにとって最も印象深かったことは、子ども一人ひとりの学びを真摯に受け止め支える教師たちの虚心坦懐な授業実践に対する姿勢であったと思う。教師はこうでなければならないと思わせる姿が、どの教室においても見られたのは、何よりもさわやかであった。どの教師も子ども一人ひとりの声にならない声に耳を傾けているし、教材の発展性に心を砕いているし、自分自身の教育に哲学的な思索をめぐらしている。それが自然体でつつましやかに実践されているのである。

そのことを端的に示してくれたのが、提案授業を行った角喜代子さんの1年生の国語の授業「おとうとねずみ　チロ」であった。角さんは同校の最年長の教諭である。その角さんが自ら進んで提案授業を希望したこと自体が嬉しい限りであるが、その提案授業が、同校の授業改革の現在の水準を典型的に示すもので、その検討がどの教師にも学びがいのある切実な課題に直結していたことも印象深いものだった。同校の校内研修の日々の積み上げが、教師間における課題の共有を生み出し、授業の参観と研修における学び合いを充実したものへと発展させてきたのである。私には、特に角さんが1年生の子ども一人ひとりと視線の高さを同じにして、その声を聴きとっている姿が印象的であった。その姿とそこから生まれる授業のヴィジョンが、教室が学校に開かれ、地域に開かれてゆく同校の学校改革の出発点を象徴していたからである。

改革の途上にあること

一、改革の持続

学校改革は10年以上の持続を必要とする事業である。しかし学校の校長の任期は通常3年であり、それに合わせ2年単位もしくは3年単位で改革が遂行されるため、ほとんどの学校では、表層的で中途半端な取り組みによって子どもも教師も振り回されている。その端的な例が指定研究校制度だろう。文部科学省、都道府県教育委員会、市町村教育委員会は数多くの指定研究校を設け、学校改革と校内研修の活性化を企ててきたが、指定研究を受諾した学校で、指定研究を終了した後に改革を持続した学校は皆無に等しい。

学校改革を数年間の取り組みとする教育の風土は、近年、学力テストや数値目標による結果主義の行政によって強まっている。その結果、学校は過剰な改革に呑み込まれながら、教育の質において劣化するという深刻な事態に陥っているのではないだろうか。

　幸い、私が協力し協同している学校は、その多くが学校改革を「始まりの永久革命」として位置づけ、一過性の短期間の集中的取り組みとは見なしていない。この半年間に訪問した学校の大半がそうであった。すでに15年目を迎える茅ヶ崎市の浜之郷小学校をはじめ、富士市の元吉原中学校、同じ富士市の田子浦中学校、五泉市の五泉南小学校、山梨県南巨摩郡の久那土小学校、山口県宇部市の常盤中学校、中野市の中野平中学校、柳川市の中島小学校、岡山市の財田小学校、倉敷市の琴浦南小学校、茨木市の豊川中学校、熊谷市の中条中学校、広島市の安西高校、沼津市の城北高校、広島市の祇園東中学校、和歌山大学教育学部附属小学校、和泉市の鶴山台北小学校、奥州市の水沢中学校、熱海市の多賀中学校、佐賀市の有明東小学校、富山市の奥田小学校などである。この半年間に訪問した学校だけでも上記の学校における改革の持続に感銘を受けたのだが、もちろんこれら以外の全国津々浦々の数えきれない学校で、「始まりの永久革命」を標榜する持続的な改革が遂行されており、私は、それらの学校の挑戦に協力し協同している。

　これまで約30年間にわたって全国各地の学校の改革に協力してきたが、18年前までは協力した学校の改革が3年以上にわたって持続することはなかった。その意味で、18年前までの私の挑戦は部分的な成功はあったものの、学校を変える力は持ちえなかったし、地域の学校を変えるまでにはいたっていなかった。行政が実施している指定研究校制度と同程度のレベルだったのである。

しかし、その1000校を超える失敗の連続の中で学んだ事柄は大きい。その一つが、学校改革は通常の人々（教師を含む）が想定しているよりはるかに複雑で困難な事業だということである。そして、これらの失敗の連鎖の果てにつかんだ希望が、一つの学校改革を達成することができれば、その地域の学校全体が変わり、日本の学校全体が変わるということである。

18年ほど前から全国の小学校、中学校、高校に普及している「学びの共同体」を標榜する学校改革の大きなうねりは、その希望が現実のものであることを確信させてくれた。地域に改革の拠点校を一つつくることと、その拠点校において改革を持続すること（始まりの永久革命）こそが、教育全体を改革する推進力になるのである。

二、反復して高まる

なぜ、多くの学校の改革は持続しないのだろうか。その一つの要因は、毎年のように研修の課題を変更する点にある。今年度はこれを目標にし、これこれを達成したから次年度はこれを課題にしようと、次年度の研究主題が設定される。いわば階段を一つずつ上るように改革が遂行されるのである。しかし、この方式の改革は持続したためしがない。なぜなら、「達成した」とされる今年度（あるいは昨年度）の課題が達成などされていないからである。したがって、この方式は上ったはずの階段から崩れてしまい、短期で終了せざるをえなくなる。そもそも学校の改革は一段一段、階段を上るような事業ではない。絶えず基本に立ち戻り、繰り返し繰り返し同じ課題を反復することによって達成される一大事業なのである。

学校の改革が持続しないもう一つの要因は校長の交代である。厄介なことに、教育の見識に乏しく指導力のない校長ほど、前の校長の事業を継承することを嫌い、我流の学校改革を遂行したがる傾向がある。あらゆる創造は伝統の継承なしでは成立しないにもかかわらず、見識と能力において劣る校長は、そのことを理解していない。当然、学校の内部は混乱し、教師たちは困惑し、同僚性は内側から引き裂かれて改革は中断することになる。私自身、校長が変わることで改革が中断してしまう苦い経験を数限りなく体験してきた。

しかし、13年ほど前から状況は変化している。現在、校長が交代しても改革が中断するケースは稀である。それだけ「学びの共同体」づくりの学校改革は、幅広く教育委員会や校長や教師の支持を獲得してきたのだろう。

ともあれ、学校改革の持続の秘訣は反復にある。「堂々めぐり」を毎年繰り返し行うことである。フランスの哲学者のジル・ドゥルーズは名著『差異と反復』において、現代人の問題の一つが「反復」を実現できないことにあると述べている。名言である。現代人が「反復」に耐えられないのは、「反復」がコピーになってしまい、「反復」の中に発見や再創造を創出しえないからである。しかし、学校改革のように複雑で長期の時間と労力を要する大事業を成就させるためには、「堂々めぐり」を恐れてはならない。むしろ「堂々めぐり」を積極的に行いながら、「螺旋形」で高まってゆく思想と実践を生み出さなければならない。

三、途上にあること

実例によって改革が持続する姿を紹介しよう。上述したように、幸運にも私が協力し協同している学校の大半の校長や教師たちは、「堂々めぐり」の勇気をもって改革を遂行している人々である。その日々の地道な「反復」とそこから創出される丁寧な仕事には心からの敬意を抱かずにはいられない。現場の教育は、この「堂々めぐり」の「反復」によって支えられ発展しているのである。

例えば、数か月前に再訪した岩手県奥州市の水沢中学校（佐藤孝守校長、現在奥州市教育長）は、３年間にわたる「聴き合う関係づくり」「小グループによる協同的学び」、それに「ジャンプのある学びの組織」を課題にして毎年、同じ研修課題によって授業研究を続けてきた。半年前に訪問したときと比べ、どの教室の生徒の学びも教師の授業も、著しく進歩している姿に感動した。圧巻は、提案授業を行った村上花恵さんの英語の授業（中学３年）だった。県内の鉄道地図をわたして、お勧めの観光地への行き方を英語で伝える課題は、疑問に対する応答の対話形式を多様に発展させる題材であり、英語の技能の優劣を超えた協同の学びが成立していた。ペア学習と小グループ学習を効果的に併用した村上さんの授業のデザインと、一人ひとりの生徒に対する完璧とも思われる細やかな配慮は、ベテランの境地とも言える授業の洗練を示していた。

授業後の校内研究会における教師たち一人ひとりの、生徒の学びに対する的確な意見の交流にも感銘を受けた。改革が持続する学校では若い教師が伸び伸び成長する姿が見られるだけでなく、ベテラン教師の授業の洗練が生まれるのが嬉しい。佐藤校長は、何よりも教師たちが「新しい授業のヴィジョン」を獲得することを重視し、すべての教師が「学びの共同体」づくりに挑戦している他校を訪問する機会を保障したという。

先月訪問した富山市の奥田小学校（尾畑敏博校長）も、「反復」の持続によって授業の

元吉原中学校の教室風景

質の向上を達成している学校の一つである。同校の「学びの共同体」づくりの改革は3代目の校長を迎えているが、年を追うごとに実践の質は高まっている。一人ひとりが自らの研修課題を定め、校内の同僚性を高めて地道な研究を続けてきた結果である。私は中学年の提案授業、山下信義さんの「ちいちゃんのかげおくり」の授業（小学3年）を参観したが、たっぷりと時間をとってテキストと対話させながらの授業の展開は見事であり、最後の「かげおくり」の直前のちいちゃんの「朝」の様子が丁寧に押さえられ、成仏できない父、母、兄のもとへと「かげおくり」によって旅立つちいちゃんの宿命の哀しみが、参観者の私たちの胸にも染み込むような素晴らしい学びが実現していた。ここにも改革を持続する学校ならではの教育の質の高まりが見られた。

さらに数年来、最も安定した発展をとげている学校の一つに、静岡県富士市の元吉原中学校がある。同校の改革は元・岳陽中学校教頭の稲葉義治さん（現在・富士中学校長）によって8年前に開始され、丸山和彦校長、石川誠校長に継承された。この学校には来訪者をほっとさせる安定感が職員室にも教室にもある。生徒の学び合いの姿もさることながら、教師が授業づくりに傾倒しながら失敗やドジが許され、しかも教育の卓越性が尊重される雰囲気が育っている。学び上手の生徒たちと職人気質と専門家の実力を備えた教師たちが育ち合っているのである。これこそ「反復」による持続の成果と言えるだろう。

改革は、開始するよりも持続するほうがより多くのエネルギーを要する。浜之郷小学校の改革を開始したとき、大瀬敏昭校長（故人）と私は、来訪者から「10年後の改革の目標は何ですか」とよく質問された。大瀬さんと私は「10年後の学校についてはと10年後の校長と教師と子どもと親が決めればいいことです。私たちは今の改革を大切にしています」と答えていた。「始まりの永久革命」が改革の持続を保障する。その意味で、校長や教師の交代も改革の妨げにはならない。むしろ活性化の契機として認識しなおすべきなのである。

高校改革のネットワーク
——学ぶ権利の実現と質の保障

一、授業の改革と学びの実現

高校においても授業を改革し学びの質を高める「静かな革命」が進行している。この1か月間（2010年6月）に訪問した三つの高校、彦根西高校（櫟《いちい》敏校長）、沼津城北高校（勝又津久志校長）、安西高校（広島市・奥山雅大校長）は、いずれも数年前から「学びの共同体」としての学校づくりを推進し、「静かな革命」を主導するパイロット・スクールとして着実な前進を遂げていた。

この数年、全国の高校から毎週1校から2校のペースで改革の協力依頼の連絡を受けている。この爆発的とも言える改革のうねりの背景は二つある。一つは、学校現場における危機の深まりである。中曽根首相の諮問機関・臨時教育審議会の1985年の答申に端を発し、２００１年以降、小泉政権のもとで拍車がかけられた新自由主義の政策による序列化と競争によって、高校は「生き残り」をかけた改革の混乱の渦の中に投げ込まれてきた。教育市場における「生き残り」競争は、財政難にあえぐ都道府県のもとでいっそう過激化し、どの高校も生徒の獲得と進学実績を向上させるため、あの手この手の「教育サービス」を多種多様に準備し「ショッピング・モール・ハイスクール」への変貌をとげている。

しかし、新しいコースや科目が選択として店舗のように拡大した「ショッピング・モール・ハイスクール」においては、いくら教師が売り子となって魅力的な教材を準備して顧客を誘っても、生徒は「ジャスト・ルッキング」といって店舗から店舗をさまようだけで、教師も生徒も帰属意識を失い疲れ果ててしまう。「ショッピング・モール・ハイスクール」は、終わることのない「商品開発」によって「自由な選択」と生徒間と学校間の「競争」を促進し、学校の共同性を破壊し教師と生徒を孤立させる結果をもたらしている。

「学びの共同体」としての高校改革への急激な関心の高まりのもう一つの背景は、授業改革の喫緊性である。高校の教室を訪問し授業の様子を参観してみてほしい。社会がこれほど変化したというのに、半世紀前と変わらない旧態依然とした授業が行われ、生徒はその授業に「お付き合い」はしているが、積極的に学んでいる生徒はほんの一部でしかない。内職に精を出す生徒、教師の説明を聴いているふりはしているが目がうつろな生徒、机に突っ伏している生徒、小声でおしゃべりに夢中な生徒など、入試の成績が上位の学校においても低位の学校においても「一斉授業」は崩壊している。しかも、高校生の4割は校外の学習時間はゼロであり、本を一冊も読んでいない。「学びからの逃走」は最も学びに傾倒すべき高校生において最も深刻に浸透している。この現実を変えるためには、21世紀にふさわしい「プロジェクト型」のカリキュラムを開発し、「協同的な学び」を授業実践において実現する改革を学校総ぐるみで取り組むほかはないのである。

二、学び合う教室の創造

先月（2010年5月）から今月にかけて訪問した前記の三つの高校は、「ショッピング・モール・ハイスクール」から「学びの共同体」としての学校への改革を実現したパイロット・スクールである。どの高校においても、すべての教師が「コの字型」の教室の配置と少人数グループ（男女混合4人）の「協同的な学び」で授業を構成し、創造的で探究的な学び合いを実現していた。私を含む総数600名の参観者が最も感銘を受けたのは、どの教室を訪問しても、一人残らず生徒たちが真摯に学びに参加していることであった。一人残らず生徒の学ぶ権利を実現することと、その学びの質を最大限に高めることは、学校の

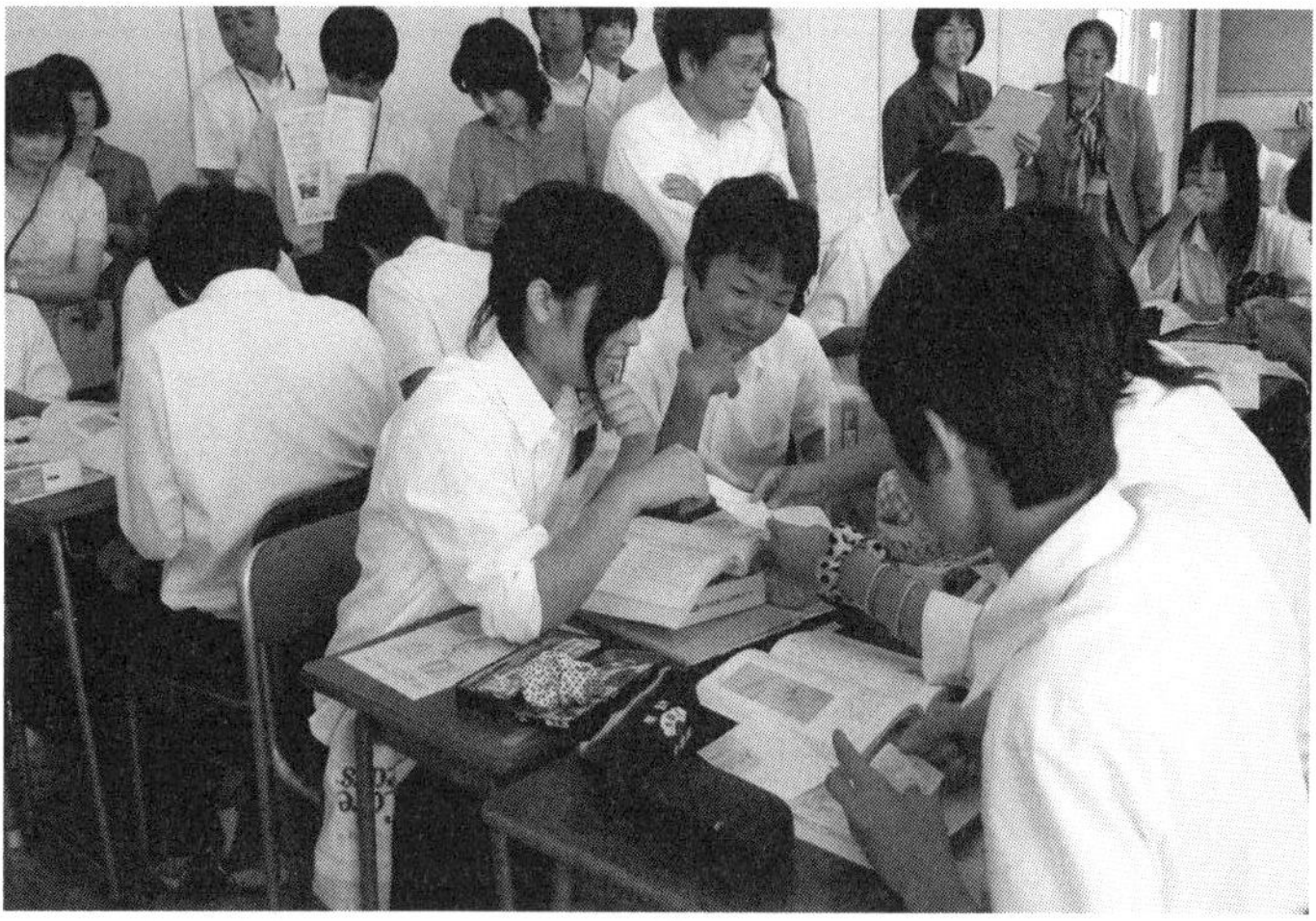

学び合う高校生（沼津城北高校「古文」の授業）

公共的使命であり、教師の責任である。しかし、そのことは決して容易なことではない。校内のすべての教師がこの使命と責任を共有し、しかも、すべての生徒が互いに支え合い高まり合う学びの関係を築き、教師たちと協同で学校づくりに参加しなければ、そして、その改革を校長が責任をもって主導し、保護者と行政が支援しなければ、この使命と責任を果たすことはできない。前記の三つの高校は、そのすべてを現実のものとし、確実な成果を収めていた。

教室風景の一端を紹介しよう。上の写真は沼津城北高校1年生の古文「物語を愉しむ・『伊勢物語』第九段東下り」（伊藤直美指導）の授業風景である。この授業では『「男」の心情と「東下り」の背景を考察する』ことが主題として掲げられ、テキストを読むうえでの参考資料（図版や文章）を手がかりにして、ペアでのテキストの音読の繰り返しと、授業の前半と後半の二つのグループ学習によって協同的で探究的な学びが展開されていた。

古文において生徒たちが夢中になって学び合う授業をデザインし展開することは容易ではない。しかし、この教室では、最初から生徒たちはテキストの読みと学び合いに一人残らず没頭していた。その秘密は、テンションを落とした無駄のない教師の語りかけと、周到に準備された資料、そして何よりも授業の前半と後半の二つの小グループによる学び合いの活動にあったと思う。この学校に限らず、彦根西高校においても安西高校においても、授業前半の「共有の学び合い」と授業後半の「ジャンプの学び合い」の小グループ活動が効果的に組織され、一人残らず生徒の参加を促進しつつ、基礎的事項の学びの保障と高いレベルの探究の実現を同時に可能にしていた。

沼津城北高校において「学びの共同体」の学校づくりが本格化したのは2年前である。2年間で、これほどの授業改革を学校ぐるみで達成したことに驚嘆せずにはいられなかった。高校生たちはそれだけの潜在的可能性を秘めているし、高校の教師たちもそれだけの潜在的可能性を秘めている。高校の改革はいったん開始されると、小学校、中学校以上にダイナミックである。

改革のダイナミズムは、彦根西高校においても同様であった。同校も「学びの共同体」の学校づくりが本格化したのは2年前であったが、どの教室でも生徒の真摯な学び合いが実現し、協同的な学びをデザインし展開する教師たちの授業技術も洗練されていた。やはり高校生たちはすごいし、高校教師たちもすごいと実感する訪問であった。

三、拠点学校の役割

高校改革の難しさの一つは多様性にある。高校の数だけそれぞれの学校の改革の課題があり、それぞれの学校の改革の筋道がある。アメリカの高校改革の指導者として著名なセオドア・サイザー（元ハーバード大学教育学部長）と会談したとき、彼が「優れた学校で同じ学校は一つもない」と語っていたのを思い出す。「学びの共同体」という同じ学校のヴィジョンと哲学を共有しつつも、それぞれの高校は、それぞれ独自の改革の筋道をデザインし歩まなければならない。それを現実化するうえで拠点学校（パイロット・スクール）の役割は大きい。

沼津城北高校も彦根西高校も安西高校も、「学びの共同体」づくりを標榜する拠点学校の一つである。現在、高校における「学びの共同体」の拠点校は約10校程度、その拠点校と連携して改革に挑戦している高校は100校程度である。この改革に賛同し、授業実践の改革に着手している教師たちは数千人である。この改革運動の規模は、来年には3倍、再来年には5倍に拡大するだろう。小学校、中学校と同様、「学びの共同体」の学校改革のうねりが高校改革の中心的潮流へと発展することは確実と思われる。

高校の拠点校づくりは固有の困難を伴っている。高校の教師は教科単位で組織され、それぞれが自立した「国家」を形成していて(「バルカン諸国化」)、校長や一部の教師たちが主導したとしても容易に学校全体の取り組みにはなりにくい。しかし、「学びの共同体」としての学校づくりは、すべての教師が授業を公開し、すべての授業において「協同的な学び」を導入しなければ、生徒たちの学び合う関係も十分には築けないし、一人残らず学ぶ権利を実現し、質の高い学びを保障する教育は実現しないし、一人残らず教師たちが教育の専門家として学び育ち合う学校を創造することは不可能である。この困難をどう乗り越えてゆけばいいのだろうか。

その道筋も三つの高校は示していた。例えば、安西高校は毎年2回の公開研究会を開催して、改革を切望する全国の教師たちを支援してきた。安西高校はかつて40%以上の生徒が中退する困難校であった。その中退率が現在は2%以下に激減している。3年前は学年5クラスで定員割れを起こしていたのに、昨年は県下で競争率の最も高い高校へと変貌し、今年は7クラスの定員へと拡大している。四年制大学への進学率はわずか3年で3倍に増加した。その発展は何によって可能になったのか。今年度は教師の3分の1以上が入れ替わったのに、生徒たちの学び合いがいっそう向上しているのはなぜなのか。熱心な討議が続いた。これら拠点校における改革の一つひとつの事実が、それぞれの高校における独自の改革のデザインを準備するのである。

三つの高校を訪問し最後に残るのは、教室で参観した生徒たちの真摯な学びの姿と幸福な表情、そして教師たちの誠実な姿勢と幸福な表情である。スナップショットのように目に焼きついたこれらの風景は、高校における改革の希望を何よりも雄弁に物語っている。

グローバル化する学校

一、学校の変貌

グローバリゼーションによって日本の学校も緩やかな変貌を遂げている。今月（２０１０年7月）訪問した大阪府茨木市立郡山小学校での授業研究会は、学校のグローバリゼーションの急激な進行を知る絶好の機会となった。この10年間、茨木市の豊川中学校とその校区にある豊川小学校と郡山小学校の3校合同の授業改革と「学びの共同体」の学校づくりに協力してきた。3校はいずれも多様な困難を抱える子どもたちが多数通う学校であり、豊川中学校は長年にわたって府下で最も低学力に苦しむ学校の一つであった。3校合同の授業改革は、この数年めざましい成果を遂げつつある。昨年度（２００９年度）の全国学力テストにおいて豊川中学校は一挙に成績をあげ、大阪府の平均を超えてほぼ全国平均の水準に達している。協同的な学びを中心とする授業改革による快挙であった。とはいえ、学校改革の進展とは裏腹に、子どもたちの社会的、文化的、経済的環境は年々劣悪化する一方であり、今回の3校合同の授業研究会においても、地域と家庭の変貌によっていっそう複雑な困難を抱える子どもたちや親たちとどのような学び合いと支え合いの協同を実現するかが議論の焦点となった。

学校の環境の顕著な変貌の一つがグローバリゼーションである。その典型が郡山小学校に見られた。郡山小学校の児童数は現在178名であるが、そのうち26名がニューカマーである。同校のニューカマーの数は、この数年、毎年2倍近い勢いで急増している。国籍は中国、エジプト、マレーシア、インドネシアなどであり、特にイスラム圏の国々からの子どもたちが急増している。外国籍の子どもが15％という数値は、移民が急増しているヨーロッパの国々の学校に匹敵している。

イスラム圏の子どもたちの急増によって、郡山小学校は、ヨーロッパの国々の学校と同様、さまざまな対応を迫られてきた。まず給食が問題である。イスラム教は豚肉と発酵食品（酒など）を禁じているが、それだけにとどまらない。牛肉も鶏肉も「お祈り」をしていないので食べられず、肉類のエキスを使った食品や、みりん（発酵食品）を使った料理も食べられない。学校では給食の献立を逐一調べ、事前に親たちに連絡して弁当を持参する準備に協力している。

イスラム圏の子どもたちの毎日の礼拝への対応も必要である。フランスではムスリムの子どもたちのスカーフの着用がフランス公教育の基本原理であるライシテ（宗教からの独立）との兼ね合いで深刻な問題になっているが、それと同様の事情が日本でも起こっている。教育基本法は特定の宗教教育を禁じており、厳密に言えば、学校施設において特定の宗教の礼拝を行うことは許されない。郡山小学校においては、昼休みに日本語教室でイスラム圏の子どもたちが礼拝を行うことを黙認するかたちで対処している。

多文化状況に対する学校の対応は給食や礼拝への対処にとどまらない。イスラム圏の女の子は水着になってプールに入らないし、親たちの多くは子どもたち以上に日本語によるコミュニケーションが困難である。郡山小学校ではすべての言語による対応は無理であるが、保護者への文書は日本語版と中国語版の二つを提供している。

二、支え合う子どもたち

学校のグローバル化への対応はさまざまだが、最も重要な課題は日常的な教室の学びにおけるニューカマーの子どもに対する支援である。この日の授業研究会において提示された郡山小学校の3年1組の授業（友国愛子指導、算数「水のかさ」）のビデオ記録は、多文化共生の授業づくりの貴重な実践記録であった。

この教室には、エジプト国籍のアルヤさん、ノーランさん、バングラデシュ国籍のミンモさん、インドネシア国籍のイブラヒム君の4人のニューカマーの子どもたちがいる。それに加えて、特別支援学級の子どもが2人、来年度特別支援学級に入る予定の子どもが2人いる。クラスの27名のうち8人が何らかの特別な支援を必要とする子どもたちである。

授業者の友国さんは教職3年目の若い教師だが、この教室の複雑な事情を感じさせないほど、洗練された学び合いを授業において組織し、子どもたち同士が細やかに一人ひとりを支え合い協同して学び合う授業を実現させていた。見事な授業づくりである。郡山小学校では、「子どもとモノ（教材）をつなぐ」「仲間をつなぐ」「自分自身（教師、子ども）とつなぐ」の三つの柱を立てて授業づくりを行い、授業検討会においては「どこで学びが成立し、どこで学びが閉ざされたか」を教室の事実に即して協議してきた。その校内研修の成果が、友国さんの3年間の教師としての成長を促進し、この日提示された授業実践に結実していた。

「水のかさ」の授業は、形状の違う二つのペットボトルのジュースのどちらが多いかをどういう方法で調べればよいかを小グループで話し合わせる活動と、各グループごとに大き

多文化共生の学び合いを実践する大阪府茨木市立郡山小学校

さの異なるコップをわたして二つのペットボトルのジュースの量を比較する活動と、その二つの量が「どれだけ違うか」を表すために普遍単位（デシリットル）を導入する活動の三つで構成されていた。

友国さんの授業の素晴らしさは、よく考えられた授業のデザインと無駄のない洗練された言葉、そして丁寧で細やかな子ども一人ひとりへの対応にある。この授業のデザインにおいて友国さんが最も悩んだのは最後の「ジャンプの課題」づくりであった。二つのジュースの量の直接比較から、どのようにして普遍単位の導入へと導いてゆくのか。この「ジャンプ」を実現するために、友国さんは直接比較の活動において秘かに大きさの異なるコップを各グループにわたし、各グループの測定結果の棒グラフが異なることから「どれだけ多いか」と尋ねて普遍単位（デシリットル）の導入を行った。「長さを測るときに㎝があるように、液体の量をはかるのに世界で通用する$d\ell$という単位があります」という友国さんの説明の言葉は的確であり、「世界で通用する」という言葉はこの教室にぴったりである。

三、多文化共生の学び合い

友国さんの無駄のない熟考された言葉は、日本語能力に乏しいニューカマーの子どもたちにとって有効だった。ほとんど日本語を話せないアルヤさんも1週間前に転校してきたばかりのイブラヒム君も、友国さんの言葉を一言も漏らさないように注意深く聴いている。そしてわからないときは、さりげなく隣の子どもがささやいて伝え直している。この教室には4人のニューカマーの子どものほかにも4人の特別な支援を必要とする子どもをはじめ、情緒的に不安定な子どもやコミュニケーションを苦手とする子どもが数多くいるのだが、その複雑なコンテクストが、むしろ落ち着いた学びの環境と繊細な対人関係を生み出す基盤となっている。

4人の小グループの協同的な学びが細やかな配慮による支え合いと高いレベルの学び合

いを実現していた。支え合いと学び合いにおいて作業は有効である。授業の前半においては、学習課題の理解や日本語のコミュニケーションにおいていくつも困難を抱えていたニューカマーの子どもたちも、授業の半ばから後半にかけての作業においては積極的に学びに参加し、その参加の作業において各グループの子どもたちの細やかなケアを受けていた。

それにしても、どの教室においても言えることだが、子ども同士のケアは素晴らしい。なぜ、子どもたちは一人ひとりの子どもをこれほど上手にケアすることができるのだろうか。彼らの行うケアは決して「おせっかい」ではなく、さりげなく行われ、しかも的確である。この教室には「おれがおれが」と自己主張の激しい子どもやすぐ「すねる」子どもや情緒不安定で「泣き出してしまう」子どもや知的障害の子どもやコミュニケーションを苦手とする子どもなど、さまざまな困難を抱えている子どもが通常の教室よりも多数存在しているのだが、小グループの作業の活動は、それらの困難を微塵も感じさせないほど、見事な学び合いを実現させている。

この授業における子どもたちの支え合いと学び合いの風景を観察しながら、私は、質の高い授業と学び合いが困難を抱えた子どもたちと教師との協同によって実現するというパラドクスの意味について思いをめぐらせていた。通常、子どもたちの抱えるさまざまな困難は授業と学びの成立においてマイナス要因として語られがちである。しかし、現実には、質の高い授業、質の高い学びは、むしろ脆さや弱さを抱え込んだ子どもたちと教師の学びとケアによって実現している。学力の向上においても同様である。ＰＩＳＡなどの国際学力テストの結果を見ても、好成績を収めているカナダやオーストラリアやニュージーランドは多言語、多文化の国であり、フィンランドにおいても移民が急激に増加しているにもかかわらず、むしろ学力レベルは向上している。多文化共生の教育は、このパラドクスの秘密を認識するところからスタートすべきなのだろう。学び合いとケアリングは、人の脆さや弱さを基盤とする人と人とのつながりによって実現する人間的な行為なのである。

友国さんの授業を典型とする郡山小学校の授業づくりと郡山小学校を含む豊川中学校区の３校合同の「学びの共同体」の授業づくりと学校改革は、学校のグローバル化によってまた一歩、新しい地平を開きつつある。

追憶の学校の現在と未来

一、帰郷

43年ぶりの帰郷である。瀬戸内海の中心に位置する大崎上島の木江《きのえ》中学校に、父の転勤で中学1年の7月に転校し、2年8か月後に卒業して一人島を離れて本土の高校（広島大学附属福山高校）に進学した。2年後に家族も島を離れたので、43年間、島を再訪したことはない。その大崎上島中学校から「学びの共同体」の公開研究会の講師の依頼状が届いた。木江中学校は2度の統廃合を経て大崎上島中学校へと改称していた。

母校が「学びの共同体」づくりを推進していることはこの上ない喜びであったが、43年ぶりの帰郷は恐怖であった。木江町の2年8か月は人生で最も幸福な日々であった。その思い出が過去の美化であるとすれば、人生の根幹を支える神話を失ってしまうことになる。

神話のような記憶は美しいまま抱き続けておきたい。その不安を抱いて公開研究会の前日、竹原市からフェリーに乗り、懐かしい島々を眺めながら木江町へと向かった。「海は饒舌である。私は海を眺めながら静かに神様と対話した」中学校3年のとき、授業中に海を眺めながらノートに記した言葉である。何とませた中学生だったのだろう。船上でこの一節が甦ると、43年間の時間がまたたくまに溶解した。

島に到着し大崎上島中学校長の竹田芳子さんの案内で昔住んだ社宅を訪ね、学校の跡地を訪ねた後、瀬戸内海の絶景を見渡せる清風館ホテルに到着すると、同校の教師たちとともに、恩師である長尾源一先生と同窓生5人（うち教師2人）が待ち受けてくれていた。長尾先生は1年生のとき新任で赴任された美術の先生である。青春ドラマから抜け出してきたような若々しい先生のさわやかなイメージは、退職後、教育委員をされている今も健在である。美術部の私は、長尾先生から油絵の手ほどきを受け、何枚も夢中になって海の夕焼けを描き、漁船を描き、朝焼けの島の陰影を描いた。島に残っている同窓生はわずかである。その5人が集ってくれた。「口数の少ない目の大きな賢い子」というのが、彼らが語る私の印象である。それにしても何と心根の優しい同窓生たちだろう。私が「人生で最高の2年8か月」という神話のような思い出を抱いていているのは、この教師とこの同窓生たちとこの美しい海の光景に包まれていたからであった。

翌朝、公開研究会の前に長尾先生と竹田先生に木江町を案内してもらった。木江町は古くから瀬戸内海随一の花街として繁栄してきた。私が住んだころは小さな花街に300人もの芸者さんがいたという。その通りは今も昔のままだったが、街はさびれ一人の芸者もいなくなっていた。かつて数百人の子どもが港周辺の海で遊んでいたが、今は町全体で小学生、中学生を合わせて十数名しか子どもはいない。島の暮らしは変貌していた。

私にとって、この街は神話的で官能的であった。祭りには「おちょろ（女郎）船」がくりだして白拍子の調べと踊りが興じられ、勇壮な男たちは廻伝馬の競艇を競い合った。この島で、私は6月から10月まで毎日海で泳ぎ、潜ってさざえを獲り、魚をついて遊んだ。そして、この島で思う存分、絵を描き、音楽に興じ合唱を愉しみ、図書館の本を何度もなめるように読み漁った。美術、音楽、文学、スポーツの伸びやかな学びの愉しみのすべてがこの島の中学校生活には濃縮していた。

公開研究会に駆けつけた道本英治先生も忘れられない先生である。道本先生には音楽と数学を教えていただいた。数学の美しさへの感動、そして何よりも合唱の愉しい日々。コンクールの前には「特訓」として灯台のもとで海の朝焼けを前にして歌った。このとき歌った歌の一節をふと思い出して口にすると、5人の同窓生は口をそろえて歌った。それほど幸福な日々を私たちは共有していた。大学まで進学した同窓生のほとんどが教師になっているのだが、この学校生活の幸福感が私も含め同窓生を教師へと導いたのだろう。

二、島の中学校

大崎上島中学校は木江から神峰山を越えた島の反対側にある。私が住んでいたころは島に五つの中学校があったが、今はすべて統合されて大崎上島中学校のみである。同校は2年前、三つの中学校を統合して発足した。全校生徒は160名、一人の不登校もなく、どの生徒も健全に学校生活を送っている。統合の直前から大崎中学校において「学びの共同体」の学校づくりは開始され、大崎上島中学校に統合されて竹田校長のもとで改革が本格化した。その改革を支援してきたのは、広島市立祇園東中学校の元校長の北川威子さんである。竹田校長や教師たちは、北川さんから私が木江中学校の卒業生であることを聞いて驚いたという。

学校に到着すると、生徒たちが「ようこそ先輩」の歓迎会で花束を準備して迎えてくれた。どの生徒の表情もそぶりも柔らかく愛らしい。46年前の転校の日と同じではないか。島の子ども特有のはにかみと実直さが嬉しかった。この日の公開研究会には、四国と本州からフェリーに乗って約80名の教師たちが参加した。瀬戸内海周辺は、今「学びの共同体」

の学校づくりが急速に普及しているが、そのうねりを大崎上島中学校の公開研究会も反映していた。

さっそく、有田教頭の案内ですべてのクラスの授業を参観した。竹田校長のリーダーシップと北川さんの毎年3回にわたる助言とが相乗効果をあげ、どの教室の授業も適切に小グループの協同的な学びが導入され、質の高い学びを可能にする「ジャンプの課題」も有効に取り入れられていた。その結果、どの教室も一人残らず学びに参加しており、どの小グループでも学び合う関わりが実現していた。一般に島嶼部の学校の学力水準は低いのだが、同校は、発展的学力において抜群の成績を収めている。その秘密が、この小グループの学び合いとジャンプの学びへの挑戦にあることは確実である。

しかし、よく観察すると、「学びの共同体」づくりを推進する他の学校と比べて、一つの特徴が見えてくる。どの教室でも、わからない生徒が「わからない」という言葉を押し込めて学びに参加している。わからない生徒は懸命に耳をすまして友達の考えを聞いているのだが、自ら「わからない」ことを表明して援助を求めはしない。このわからない生徒の沈黙の重さは島の風土と関係しているのだろうか。記憶をたどってみると、私の中学校時代も同様であったように思う。島の人間関係は細やかで優しい。成績の優劣を包み込む包容力を島の自然も社会ももっている。その結果が、わからない生徒の沈黙とそれにもかかわらず対等な学びへの参加を生み出しているのだろう。しかし、この美徳は学びにおいてより高い美徳へと発展させられなければならない。

三、次の一歩へ

午後の提案授業は望月貢樹さんの「力学的エネルギー保存の法則」(3年2組)であった。望月さんは2年間、研修主任として「学びの共同体」の授業づくりを先頭に立って推進してきた。その「総仕上げ」の挑戦だった。望月さんは「同じ高さから斜面の傾きを変えて物体が落ちるとき、急な斜面と緩やかな斜面では床についたときの速度はどうなるか」と問うて、授業を開始した。すぐに小グループで5分間話し合われ、23名が「急な斜面が速い」と答え、5名が「両方とも同じ」と答えた。「同じ」と答えた生徒は「高さが同じだから」という以上の理由は述べていない。

そしてグループごとの実験を行う。同じ高さの急な斜面と緩やかな斜面でビー玉を5回ずつ転がし、床のところで速度を測定して平均値を求める。結果は、多少の誤差はあるが、どちらも同じ速度であることが確かめられた。

「いったいなぜ、同じ速度になるのか」その理由を「位置エネルギー」と「運動エネルギ

「エネルギー」の授業風景

ー」という言葉を使って説明するのが、この授業の「ジャンプの課題」である。生徒たちは、残された30分間、小グループごとに夢中になって課題に取り組んだ。途中、望月さんは「どこまでわかってきたか」を尋ね、何人もの生徒に中途段階の学び合いの状況を報告させた。「急な斜面でも緩やかな斜面でも転がる前は同じ位置エネルギーをもち、床についたときに位置エネルギーはゼロになる」ことはどの生徒も理解していた。また、ある生徒は「位置エネルギーは〈質量×高さ〉で表され、運動エネルギーは〈質量×速度〉である」ことを教科書で確認したと発言した。そこで、望月さんは〈位置エネルギー＋運動エネルギー＝力学的エネルギー〉であることを確認している。このヒントによって、学び合いの方向性は定まったが、どのグループも明快な説明にはたどりつかなかった。一人の女の子が黒板に出てきて急な斜面でも緩やかな斜面でも中間地点で「位置エネルギーが半分になり、運動エネルギーも半分になる」ことを示した。この発言によって、それぞれのグループの学び合いは加速度的に進展した。しかし、ここで授業時間が終了し、グループごとの説明は次回にまわされた。

この授業において、女子生徒の論理的思考はどのグループでも際立っており、その素晴らしさが印象的であった。それだけに、わからない男子生徒の沈黙の重さが気になった。島の未来は同校の次の一歩にかかっている。大崎上島中学校が「学びの共同体」の拠点校として素晴らしい実績をあげていることを誇りに思うと同時に、次の一歩が開く未来への祈りを込めて、急いで参観者たちとともにフェリーに乗った。来年の再訪に願いを託して。

改革の出発と展開
―子どもの学びを中心に

一、改革の始動

2010年9月、室蘭市立地球岬小学校（富樫生志校長）を訪問した。毎年100校近くの学校を訪問するが、その3割は新しい学校への訪問になるよう心がけている。地球岬小学校へは初めての訪問である。「地球岬」という校名は斬新だが、アイヌ語の「チキウ」（断崖）に漢字をあてた地名であり、地球岬はその名のとおり地球の丸みを感じさせる大海を擁した岸壁が美しい。同校は、その近くに位置する児童数212名の小学校である。

室蘭市は人口約10万人、古くは1854年にペリーが来航したことで知られ、北海道の開拓後は鉄鋼業を中心に石炭や鉄の運送の陸海の要所として繁栄してきた。明治42年に創業した室蘭製鐵所は今も煙突から煙をあげて操業している。しかし、北海道の他の地域と同様、経済不況の影響は深刻で、その兆候は町の随所に表れていた。

地球岬小学校は、平成21年度と平成22年度「室蘭市学力向上事業研究奨励校」に選ばれ、「他とのかかわりを通して学び続ける子どもの育成」を研究主題に掲げて改革に着手した。改革の始まりにおいて最も重要なのはヴィジョンの共有である。同校では、改革のヴィジョンとして「学びの共同体」づくりを採用し、協同的な学びの創造による授業改革とそれを推進する同僚性の構築に取り組んできた。この日の公開研究会は、その1年余りの取り組みの結節点として設定されている。「学びの共同体」の学校改革への関心は、近年、北海道においても急速に高まりつつあり、この日も、室蘭市だけでなく、苫小牧市、伊達市、登別市、石狩市、釧路市、北広島市などの小学校、中学校、高校の教師が多数訪問し授業を参観し研究協議会の議論に参加した。

地球岬小学校の訪問と前後して岩手県の花巻小学校や岡山県の芥子山小学校など、改革の始まりを支援する訪問が相次いだが、どの学校においても、改革の出発点において取り組むべき重要な課題がある。その第一は学びの場づくりである。学びの場が教室に生成するためには、いくつかの要件がある。一つは教室の机の配置である。一斉授業の一方向の机の配列では聴き合う関係も学び合う関係も成立しようがない。コの字型の机の配列（小学校1、2年生では密着したコの字型）が要件となる。そして教師のテンションをさげた声と選ばれた言葉、さらに教師の息づかいと子どもたちの息づかいが一つになっていることも要件として挙げられよう。

第二は授業の課題づくりである。学びを中心とする授業づくりにおいては、子どもたちが夢中になって取り組む学びを組織するために、どの子も一定の理解を形成する「共有の学び」の課題と、その知識を活用して発展的な探究に挑戦する「ジャンプの学び」の課題の二つが授業のデザインとして具体化されていなければならない。一般のほとんどの授業は課題が一つであり、内容レベルが低すぎる。基礎的な理解と創意的で発展的な学びの両者を可能にする授業の課題づくりが、授業改革の要件となる。

第三はペア学習と協同学習の導入である。小学校1、2年生ではペア学習、小学校3年生以上（中学校、高校を含む）においては男女混合4人グループによる協同的な学びの導入が必要不可欠である。しかも、このペア学習と協同的な学びは、「共有」の学びと「ジャンプ」の学びのそれぞれにおいて導入されるのが好ましい。

そして第四は校内研修の改革である。すべての教師が最低年に1回は授業を公開し検討し合う同僚性を築くことなしには、授業の改革も学校の改革も実現しない。また、授業協議会において一人ひとりの学びの事実を中心に話し合い、授業者への助言ではなく教室の事実から学び合う話し合いを実現させなければ、校内に専門家として育ち合う同僚性を形成することはできない。

　改革の出発点において前記の四つの要件は、どの学校においても取り組むべき重点課題である。この日、訪問した地球岬小学校も、まさにこの出発点の改革に着手しており、訪問によって学ぶところが多かった。

二、学びを中心に

　朝、室蘭製鐵所の煙を右手に見ながら学校に到着し、さっそくすべての教室を参観した。どの教室も学び合いを導入したこともあって、どの子どもも素朴で誠実であり、安心して授業に参加していた。一見して子どもの学力差は大きいし、まだまだ教師の声は大きく言葉数は多い。しかし、改革の一歩は着実に踏み出されていた。

　午後、提案授業は、6年担任の三上友樹さんによる算数「場合の数」（組み合わせ）の授業であった。三上さんは「授業のデザイン」において「順列や組み合わせについての場合の数を求める指導をするのではなく、具体的な事象に即して落ちや重なりがないよう分類整理して順序よく列挙することができることを目標としたい」と記している。前時の授業では、順列を扱い「4人の中から班長と副班長を1人ずつ決める決め方」について学び、

第一図

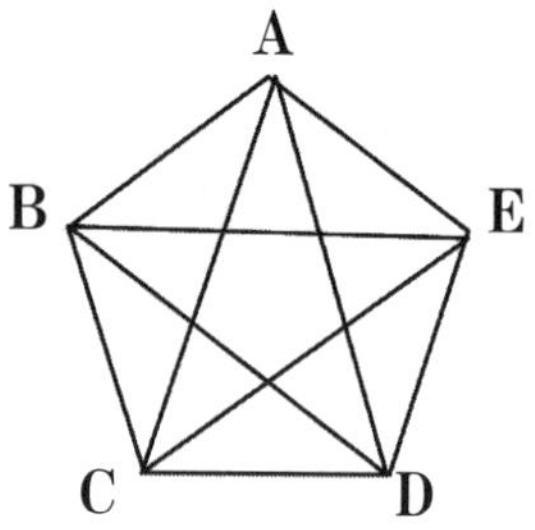

第二図

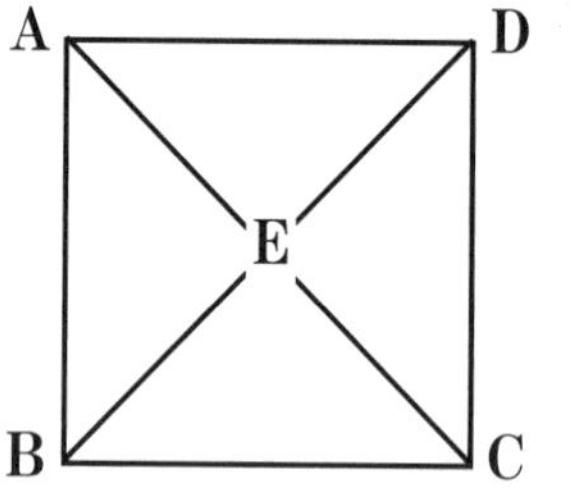

第三図

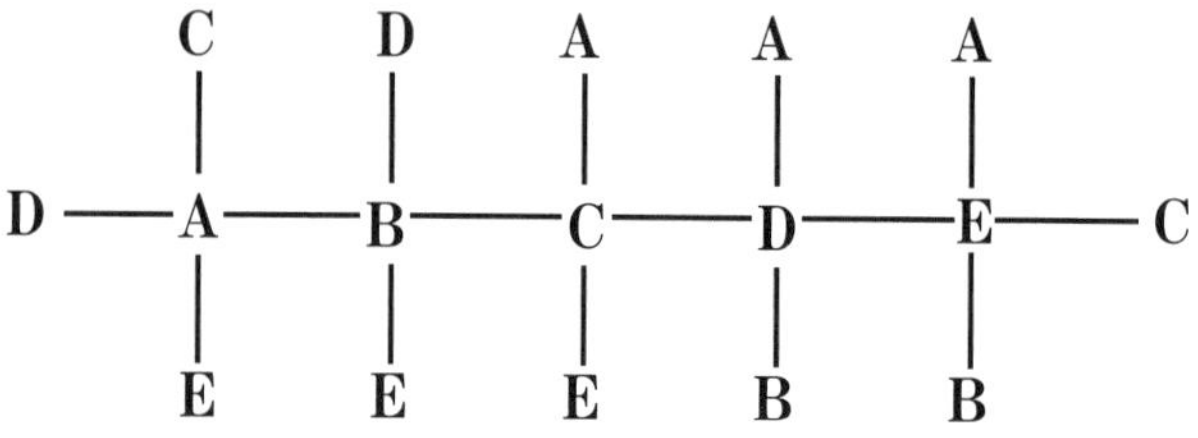

樹形図と表（マトリクス）による思考を経験している。本時の授業では「レストランで5品から2品を選ぶ組み合わせ」を課題として授業が展開された。

個人学習の協同化による小グループの学び合いの結果、正解に達した子どもは約3分の1であり、3分の2の子どもたちは正解にはいたらなかった。正解に達した子どものうち、樹形図で成功した子どもは一人もおらず、数人が表のマトリクスで思考し、残りの子どもたちはいずれも第一図の図（前ページ参照。以下同）を描いて探究していた。五角形ABCDEの頂点をすべて結んで「10通り」という正解に到達した子どもが10名近くもいたことに参観者は感動したが、授業者の三上さんは、むしろその数が少ないことに落胆していた。前時の順列の授業で「4人から班長、副班長を選ぶ」ときに四角形をモデルとして活用したからである。

授業後の協議会においては、算数を苦手とする子どもたちも含めて一人残らず子どもたちが図や表のモデルを工夫して夢中で探究したにもかかわらず、「なぜ3分の1の子どもしか正解に到達できなかったのか」が討議の中心になり、教材の提示の仕方や教師の発問の仕方やヒントの出し方について検討された。やはり、改革の出発点においては、まだ授業協議会の話題の中心は教師の「教え方」に焦点が集まり、子ども一人ひとりの学びの事実については関心が希薄である。

「講評」において私は、観察した一人ひとりの子どもの学びの事実から学んだことを具体的に述べた後、つまずいた3分の2の子どもたちの思考について言及することにした。

つまずいた3分の2の子どもたちは、ほとんどが第二図と第三図をモデルとして考え、その結果、正解にはいたらなかった。しかし、私は第二図と第三図を創案した子どもたちの思考の素晴らしさに驚嘆していた。第二図は、正方形ABCDの中心にEをおいて、それらの点を直線で結ぶと8本しか線がひけない。この図では、ACとBDが隠れてしまうのである。しかし、この図を創案して思考しただけでも、優れて数学的である。さらに言えば、一つのグループのある子どもは「これを立体的にしたら」とまで小さな文字で書き添えていた。そのとおりである。これを立体にすると、隠れていたACとBDが現れてくる。つまり位相幾何学的に言えば、この図は第一図と同型なのである。ここまで到達した子どもの思考は驚嘆すべきである。

第三図の方はもっとおもしろい。この図を描いた子どもたちは、まずA、B、C、D、Eを中心として他の四つを四方においた十字を四つつくり、それら四つを連結したのである。ところが、この図では連結した線が2本になるのだが、それをどの子も1本にしたために合計が16本になり、正解の「10通り」にはいたらなかった。しかし、何と興味深い思考だろう。こういう「単純化」の思考に数学的思考の精髄がある。つまずいてしまったが、

その思考は絶賛されてしかるべきだろう。

「反省的実践」(reflective practice) を提唱した哲学者ドナルド・ショーンは、「反省的授業 (reflective teaching)」について言及した論文において、「反省的授業」とは子どもの思考の中に「理の世界を見出すこと」(give kid a reason) と記していた。その典型の一つを、私は、この授業の子どもたちの思考の事実から学ぶことができた。

三、希望の第一歩

これだけ柔軟で創意的な子どもたちの思考が生まれたのは、学び合いを中心とする授業改革の貴重な成果である。安心して学べる教室、異質な声を聴き合い、小さな差異から学び合う関わりが生まれつつあることが、自由で創造的な思考を生み出している。研究会の終了後、駅への帰路において私は、興奮さめやらぬ富樫校長に、世界のどの国を訪問しても、質の高い教育は地方の小都市の小さな学校で実現していることを告げた。その意味で、北海道の学校は潜在的可能性が埋もれた宝庫である。

第2部

変わる世界の学校

変わる世界の教室
――静かな革命

一、改革の広がり

世界の学校は歴史的転換点に立っている。近代の学校は、国民国家の統合と産業主義社会の形成を推進力として成立し発展してきたのだが、グローバリズムの展開とポスト産業主義社会の進展によって、その基盤は地殻変動を起こし、新しい時代に対応した学校への転換が進行している。

これまで23か国を訪問し、３００校以上の海外の学校を観察し調査する機会に恵まれてきたが、この30年余りの間に欧米の教室風景は緩やかに、しかし、根本的とも言える「長い革命」を遂行させてきたことを実感している。「長い革命」は、１９１０年代の国際的な新教育運動の学校改革に淵源をもっている。この改革は、１９６０年代から１９７０年

＜写真１＞ボストン近郊の小学校

代のオープン・エデュケーションに象徴される革新的実践によって先進諸国に波及し、現在は、欧米諸国の教室において日常の風景として定着するにいたっている。今や、黒板と教卓を中心に個々人が机を一方向に並べ、教師が教科書を中心に説明し伝達する一斉授業の様式は、欧米諸国においては博物館に入っている。「教授」中心の授業から「学び」中心の授業へ、「プログラム」（目標―達成―評価）型のカリキュラムから「プロジェクト」（主題―探究―表現）型のカリキュラムへ、「個人学習」から「協同学習」への転換という「長い革命」が世界規模で静かに進行したのである。

〈写真1〉は、ボストン近郊のケンブリッジ市の小学校４年の数学の授業風景であ

＜写真２＞パリ郊外の小学校

る。ケンブリッジ市の12の公立小学校は１９６０年代以降、オープン・エデュケーションの改革を主導した伝統をもつ。私は20年にわたり、この地域の学校改革を定点観測してきた。

この写真の教室では小グループによる学び合いが授業の中心である。数学的確率の概念の学びが行われ、小学生とは思えない高度の内容を探究的に学び合っていた。

教室の革命は１９７０年代以降、アメリカよりもカナダにおいていっそう広範かつ確実に進展した。私自身の見聞の経験から言って、授業と学びの質の洗練や教室環境の豊かさやカリキュラム内容の充実において、カナダの学校は世界の最先端を歩んできたと思う。２０００年のＰＩＳＡ調査の結果において、カナダの四つの大きな州（オンタリオ、ケベック、アルバータ、ブリティッシュ・コロンビア）がいずれもフィンランド以上の好成績を収めたのは、「長い革命」の成果として頷ける結果であった。

なお、フィンランドもそうだが、カナダのこれらの州の教育は読み書きの基礎技能の教育よりも芸術表現と科学的探究の教育を熱心に推進してきたことも付言しておきたい。

二、静かな革命

教室風景を一新する「長い革命」は「静かな革命」でもある。〈写真2〉はパリ郊外の移民が多数を占める小学校3年の数学の授業風景である。フランスの学校の風景を観察するのは興味深い。なぜなら、ヨーロッパ諸国においてフランスはどの国よりも授業スタイルにおいて保守的な国であるからである。その最も古くさいフランスの学校でさえも教室の革命は静かに進行している。この写真の教室では古さの象徴として今なお黒板が使われ、教師の発問と説明の時間が全体の半分近くを占めていた。しかし、教室の変化も顕著である。子どもの机と椅子は小グループ単位のテーブルへと変わって協同的な学びが中心となり、一斉に話し合うときは黒板の前で車座になる。この風景は、どの国においても共通し

＜写真３＞ドルトムント市の小学校

ている。

〈写真２〉を撮影したのは10年前だが、その直後にはたと気づいて、それまでに欧米諸国の学校で撮影した１０００枚以上の写真を見直してみた。どの教室写真を見ても、小グループは男女混合の４人で組織され、一斉に話し合うときは教室の前で車座に座っている。誰が提唱したわけでもない。何かの方式が意図的に広められたわけでもない。世界の教室は「静かな革命」によって普遍的な共通の様式へと移行していた。

〈写真３〉は、ドイツ北部の工業都市ドルトムント市街地の小学校である。１年生の子どもたちが「うさぎ」や「チューリップ」というテーマで総合学習を行っていた。この教室も低所得層の居住地域であるため、

＜写真４＞ヘルシンキ郊外の小学校

23名中20名が移民の子であった。この写真は、小学校低学年の教室の「静かな革命」を典型的に示している。どの欧米諸国の小学校低学年の教室もテーマ別のプロジェクト型総合学習がカリキュラムの中心であり、子どもたちは車座で座って互いに聴き合う学びとペア学習による協同が実現している。

〈写真４〉は、フィンランドのヘルシンキ郊外の小学校３、４年生の教室風景である。フィンランドの小学校の平均的な規模は60名前後（教師４人）であり、複式学級は一般的である。

この教室では、４人グループの左側が３年生、右側が４年生で同じ「地図づくり」を行っている。子どもは４年の教科書を使

＜写真５＞ユヴァスキュラ市の中学校

い3年、4年と同一の教育内容を2度学ぶことになるが、そのことによって学年別の教室よりも質的に高度の発展的学びの追求が可能になる。

〈写真5〉は、同じフィンランド・ユヴァスキュラ市の中学校社会科の授業風景である。この学校はＰＩＳＡ調査において最も成績のよかった学校の一つである。ここでも男女混合の４人グループによる協同的学びが授業の中心となっていた。もともとフィンランドは、フランスと並んで伝統的な一斉授業が支配的な国の一つであった。そのフィンランドにおいても「静かな革命」は１９８０年代以降、急速に進行した。その成果の一つがＰＩＳＡの結果に表れたとフィンランドの教師たちは語る。

三、日本の現在

欧米諸国において進展した「長い革命」と「静かな革命」は、２０００年以降はアジア諸国に急速に普及し、日本においても広く緩やかに進行している。その進行は歴史の必然と言ってよいだろう。日本人の多くは認識していないが、少なくとも１９６０年代までは、日本の学校は教室革命において世界の最先端を切り開いていた。大正自由教育と戦後新教育の展開である。ここに紹介した教室風景は、すでに大正期から昭和初期に私立学校にとどまらず公立小学校の多くに普及していたし、終戦直後の新教育の時代には、小学校と中学校の８割の教師たちが新教育の実践に挑戦したという歴史を有している。日本の授業改革が、グローバルな視点から見ると、大正期と戦後初期の輝かしい伝統を生かしきれていないのはなぜなのだろうか。

新生アメリカの学校改革

一、感動の講演

２００９年8月27日、東京大学駒場キャンパスの講堂（９００番教室）は、ほぼ満席の聴衆の熱い感動の渦に包まれていた。日本教育学会第68回大会前夜祭の特別招待講演、オバマ大統領の政策顧問を務めてきたスタンフォード大学教授、リンダ・ダーリング＝ハモンドによる「新生アメリカの教育改革（Educational Reform of Renewing America）」の講演による感動である。

この講演会は、新山恵理さんのパイプオルガンの演奏によっておごそかな雰囲気で開始された。司会は私と秋田喜代美さん、いずれもリンダとは既知の間柄である。講演者のリンダ・ダーリング＝ハモンドは私と同年齢、イェール大学で学士号を取得して、卒業後、学校で音楽教師を経験した後テンプル大学で教育学博士を取得し、ランド財団研究員を経てコロンビア大学教授、スタンフォード大学教授を歴任している。10冊以上の著書、数十冊の編著、そして３００本以上の学術論文を公刊し、元アメリカ教育学会会長、全米教育アカデミー会員であり、アメリカの学校改革に最も貢献した教育学者として20以上の賞を受賞している。昨年度、オバマが立候補してからは、彼の政策アドバイザー・グループの中心人物の一人として活躍して大統領選を勝利に導き、一時は教育長官の最有力候補であった。

私がリンダと知り合ったのは約10年前、それまでの20年間の教育研究とアクションリサーチが驚くほど共通していることから、日米の国境を超えて最も親しい仕事仲間となった。それ以来、毎年のように国際会議で交友を積み重ね、今年の春、サンディエゴで開かれたアメリカ教育学会の大会において、リンダも私も同学会の名誉会員に選出される栄誉を共にする機会があり、日本教育学会大会における特別招待講演が実現することとなった。

大統領の政策アドバイザーが、オバマの政策について対外的に講演を行える内容は制限されている。政策グループの外部に対して大統領の政策について批判的見解を述べることは禁じられている。リンダは、この特別招待講演においても、その微妙な立場を十分に考慮した発言を一貫し、新生しつつあるアメリカの教育改革の可能性を具体的に示しつつ、これまでのブッシュ父子大統領が進めた新自由主義の教育改革が、転換のときを迎えていることを説得力をもって示していた。指定討論者の恒吉僚子さん（東京大学）と坪井由実さん（愛知県立大学）のコメントと質問は秀逸であり、リンダの微妙な立場の講演内容の意味を聴衆に的確に伝えつつ、リンダ自身の改革のヴィジョンと見識の高さと改革を推進する意思の強靭さを、彼女自身の言葉として引き出す絶妙な役割を演じていた。

二、学校改革の希望

リンダがオバマ大統領の教育政策の進展に期待を寄せる根拠の一つは、何よりもオバマ大統領が「マジョリティ・マイノリティ」の一人であり、人種差別の深刻さを身をもって乗り越えてきた人だからである。リンダも同じ人生経験を歩んだ者の一人として、オバマ大統領の教育改革への意志が「ホンモノ」であることを確信しているという。リンダが講演の中で紹介したオバマの演説の一節は、学校改革の出発点の思想として感動的でさえあった。オバマ大統領は大統領演説の一つで、多くの人々が「この子どもたちは（these children are）……」と、貧しいマイノリティの子どもたちの現状と惨状を他人事として語る語り方を批判し、次のように語ったという。「These children are not their children,

リンダ・ダーリング＝ハモンド教授

but our children. Their future is our future. Their education is our responsibility.」（この子どもたちは誰か他人の子どもたちではなく、私たちの子どもたちである。彼らの未来は私たちの未来であり、彼らの教育は私たちの責任である。）

何と素晴らしいメッセージだろう。このメッセージには、教育改革がどのようなスタンスによって語られるべきなのかについての最も直截的な要件が込められている。

私は、リンダが語るこのオバマの言葉を壇上で聴きながら、これまでアメリカにおいて訪問した200校近い学校の様子を思い起こしていた。ニューヨーク、シカゴ、サンフランシスコ、ボストン、ロサンゼルス、ワシントン、アトランタ、サンディエゴなど、それらの学校の多くは都市中心もしくは都市郊外の最も貧しい地域の学校であり、最も困難な学校であった。それら貧困な地域の困難な学校を訪れると、必ずと言ってよいほど、一人の女性の教育学者の名前が希望のように語られていた。それが「リンダ・ダーリング=ハモンド」である。そのリンダが、今、壇上で学校改革の根本哲学とも呼べる思想をオバマ大統領の演説の一節によって示している。「These children are our children」というオバマのメッセージは、そのままリンダの言葉であり、私たち子ども一人ひとりの幸福を願い、学校改革に希望を託する者のすべてが共有している言葉である。このメッセージによって、特別招待講演の講堂に集った者のすべてが学校改革の希望の熱い意思で包まれたことは言うまでもない。

三、希望と励まし

私は、この講演を聴きながら、リンダと親密な友人であることの幸福を感受し、身を震わせていた。壇上にいなければ、あふれるほどの感激の涙を流しただろう。リンダほど直接的に、アメリカの教育の不平等と闘い続け、子どもたちの貧困の現実と闘い続け、地域社会と学校の民主主義を実現するために闘い続け、一人ひとりの子どもの学ぶ権利の擁護のために闘い続け、そして民主主義の学校を実現する教師たちの専門家として成長を支援し続けてきた教育学者は他にはいない。アメリカの学校改革において、リンダという教育学者の存在そのものが希望と励ましなのである。

オバマ大統領は、就任前後の教育政策において、新自由主義の教育政策が子どもたちの学ぶ権利を剝奪し、貧困と格差を拡大し続ける根本原因であり、官僚主義的な教員政策と学校管理が教師の創造性と専門職性を破壊する要因となっていることを明言している。子どもの学ぶ権利を一人残らず保障するために、誰もが学ぶ意思さえ持てば、大学教育を享受できる奨学金を準備すること、どの教師も知識基盤社会にふさわしい教科の教養と教育学の教養を身につけるため、教職の高度化と専門職化を推進するシステムを構築することなどは、オバマ大統領が掲げる教育改革の骨子である。

平等で民主主義的な教育をすべての人々に保障するために、オバマ大統領は教育予算を倍増し、かつ教育学の分野の予算を倍増させると明言している。もちろん、オバマ大統領の教育改革が、リンダが希望する改革として成就するか否かは今後の政治的力学にかかっている。リンダは、その展開に対して、いささかも楽観視はしていない。オバマが大統領就任の直前にリンダを排除して教育長官となったダンカンはかつてブッシュ大統領のブレーンとして活躍した人物であり、シカゴ市において新自由主義の学校選択制度を推進した人物である。学校と教師をテストの点数で競争させ管理する「悪法」の異名をもつ、「No Child Left Behind Act」(どの子も落ちこぼれさせない法、NCLB法)は、オバマ大統領の政権下でも廃止されていない。リンダはこの法律を「ジョーク」と呼んでいたが、学校と教師をテストの点数で縛りあげ、授業と学びを「前世紀の工場システム」のまま放置する「悪法」が貧困地域の学校を支配し続ける限り、いくら教育予算を倍増し教育学研究の予算を倍増したとしても、学校改革の努力は浪費と徒労に終わるだろう。

これらの現実的な困難を前にしても、リンダは持ち前の誠実さと柔軟さと明るさで希望を失ってはいない。特別招待講演の翌日の学会のレセプション・パーティにおいて、リンダと私は、1910年代、1930年代、1960年代のアメリカの学校改革者たちの仕事について活発に語り合った。アメリカの教育の平等化と民主化のために尽力した無数の名もなき教師たちとその実践の伝統は、現在も私たちの学校改革の哲学と実践の出発点である。進歩主義教育(progressive education)の革新的伝統の継承が今こそ重要なときはない。リンダは、私の23年前の博士論文が、このテーマを扱ったことをよく知っている。

このレセプション・パーティにおいては、学会に参加した多くの大学院生や若手の研究者がリンダとの歓談を楽しんでいた。その話の多くは、日本とアメリカの教育改革の革新的伝統の評価をめぐってであり、彼らが現在推進している教師との協同研究の意味をめぐってである。リンダは、専門は学ぶ権利の平等と公正を実現する教育政策研究であるが、それと並行して学校改革のアクションリサーチ研究、さらに教職専門性の開発の研究も行ってきた。スタンフォード大学においては、大学の近郊の地域社会に学校改革のネットワークを形成し、大学院生も巻き込んで、「学びの共同体」のパイロット・スクールも構築している。それらすべての実践と研究と経験が、彼女を信頼し敬愛する大学院生や若手の教育研究者には魅力的であり、かつ啓示にあふれている。

それにしても、リンダは、なぜいつも穏やかな朗らかさと鋭敏な知性と柔軟な思考で独創的な仕事を生み出し、彼女と出会うすべての人々と希望と信頼の絆を豊かにしてゆくのだろうか。私は、再び、敬愛する素晴らしい友人をもつ幸福と、その偉業から直接学び続けられる幸福を、身を震わせながら享受していた。ここが改革の出発点である。

補注・その後のアメリカの教育改革は、リンダの希望を裏切って混迷を重ねている。この問題については、いずれ論じたい。

改革のモデルを求めて
ーアメリカの「学びの共同体」

一、「学びの共同体」の源流

「学びの共同体」としての学校の原型は、ジョン・デューイがシカゴ大学に創設した実験学校デューイ・スクール（１８９６〜１９０４年）にある。同校は学校の中心に図書室を設け、その周辺に木工や織物作業の教室、科学実験や博物展示を行う教室などを設け、大学の研究者たちが教師を務めて、学問との連続性と社会との連続性を実現する「学びの共同体」を実現していた。現在もシカゴ大学には「デューイ・スクール」は存在している。しかし、同校を3度訪問し調査してきたが、その伝統が十分に継承されているとは言いがたい。

「学びの共同体」としての学校のヴィジョンをその後、最もラディカルに追求した学校は、ニューヨークのグリニッチ・ヴィレッジに1912年に創設されたシティ・アンド・カントリー・スクールである。創設者はキャロライン・プラットという社会主義の活動家であった。彼女は子どもの想像力に基づく芸術的表現と科学的思考の発達を学校の中心課題に設定し、若きアヴァンギャルドの芸術家や社会科学者を教師として迎えて、貧しい移民の子どもたちを対象とする「子ども中心主義」の学校づくりを推進した。

この学校は小さな学校であったが、アメリカの新教育（進歩主義教育運動）の展開において中核的な役割を演じることとなる。デューイは娘エヴェリンを同校に通わせ、自ら同校の顧問となってプラットの実験を支援している。

私が大学院生のときに、東京大学教育学部の図書室でプラットの『子どもから学ぶ』（I Learn from Children）を手にして読んだときの衝撃は今も新鮮である。「What is the School?」という問いから書き起こされる同書は、学校の在り方を根本から問い直し、「学びの場所」としての学校共同体のヴィジョンを豊富な実践実例とともに活写していた。この一冊の本との出合いが、私の教育学研究と学校改革の歩みを準備してくれたのである（キャロライン・プラットの学校の歴史的意義については、私の博士論文『米国カリキュラム改造史研究』〈東京大学出版会〉を参照されたい）。

シティ・アンド・カントリー・スクールは現在も存続し、「子ども中心主義」の創造的

シティ・アンド・カントリー・スクールの
「ブロック」の授業風景

実践を継続している。その事実を知ったのは23年前のことである。私は直ちにニューヨークの同校を訪問し、再び驚嘆した。同校は創設時の100年前の特徴的なカリキュラムをそのまま継承し実践し続けていた。

同校では、小学校1、2年生は午前中、教室全体を使って「ブロック」（積み木）による「町づくり」の活動を行う。この活動は、ニューヨーク市街のフィールド・ワークに基づくものであり、この「ブロック」による「町づくり」の活動を中心に数々の物語が創造され、その物語が美術で表現され、音楽で表現され、創作ダンスで表現され、地理や歴史や科学の学びへと発展する。小学校3年以降も市街地のフィールド・ワークは持続し、「ブロック」に代わって「読書」が位置づけられる。中学年と高学年においても創造的な芸術表現の活動と直接経験に基づく科学的探究の活動はカリキュラムの中核であり、学校は地域に開かれた「学びの共同体」として機能していた。同校の卒業者たちは創設以来、そのほとんどが芸術家、ジャーナリスト、研究者、教師になって社会の第一線で活躍している。

私は奇しくも、アメリカの「学びの共同体」の学校の中心的な源流であるシティ・アンド・カントリー・スクールと、１００年前と23年前の２度にわたる衝撃的出合いを体験したのである。それ以後の10年間、ほぼ毎年同校を訪問するとともに、同校と同様の系譜にある全米50以上の進歩主義教育を推進する学校を訪問してきた。これらの学校の観察が、私の「学びの共同体」のヴィジョンと哲学の基盤を準備してくれたのである。

二、パイロット・スクールの訪問

これまで20年以上にわたって全米の１００校以上の学校を訪問し調査してきたが、「学びの共同体」としての学校のヴィジョンと哲学の追求において最も啓発されたのは、デボラ・マイヤーがニューヨークのイースト・ハーレムに創設したセントラル・パーク・イースト中等学校である。

同校の校区はニューヨークで最も貧困な地域であり、最も教育が困難な地域である。その地域の真っただ中にデボラ・マイヤーは「現代のデューイ・スクール」を「学びの共同体」として創設し、全米の教育関係者の誰もが驚嘆すべき学校改革を実現したのである。彼女の改革によって、それまで70％の生徒が退学していた学校が退学者ゼロに生まれ変わり、学力も飛躍的に向上して大学進学率も3％程度から70％以上へと飛躍的に前進した。まさに奇跡的な成功である。

私が同校を最初に訪問したのは20年前である。それ以後、同校は民主主義の学校のヴィジョンと哲学のモデルとなり、デボラ・マイヤーは私が最も深く学び続けた先達となった。

セントラル・パーク・イースト中等学校は、生徒一人ひとりが活発に学び合う「学びの共同体」であり、同時に生徒、教師、保護者の誰もが主人公として協同する「民主主義の共同体」であった。学校を訪問するたびに、デボラ・マイヤーはにこやかに応対し、「学校のことは子どもが一番よく知っている」と自らは何も語らず、生徒を学校の案内人につけて各教室の観察と説明を生徒にゆだねていた。彼女は校長室で座っていることはなく、いつも教室を訪れ、にこやかで穏やかな表情で生徒や教師の声に耳を傾けている。彼女はいつも一日のほとんどを生徒の声と教師の声を聴くことに費やしているのである。

言う。「Teaching is mostly listening」（教えることのほとんどは聴くことにある）。なんという名言だろう。

デボラ・マイヤーの印象深い言葉は他にもある。彼女が「学びの共同体」づくりの方略として提示する三つの提言、「Less is more」（少なく学ぶことは多くを学ぶこと）「Simple is better」（カリキュラムと学校組織は単純であれば単純であるほどよい）「Small is sensible」（小さければ繊細になれる）は、学校を内側から改革する方略として含蓄が深い。

この三つの方略で、カリキュラムと学校組織を再構成することが「学びの共同体」づくりの要諦であることを、私はその後の日本での改革によっていっそう明瞭にしてきた。デボラ・マイヤーの卓越した学校改革の先行経験が、私の学校改革のヴィジョンと哲学に計り知れない啓示を与えてくれたのである。デボラ・マイヤーは、今日にいたるまで、私の最も尊敬する先達であり、「学びの共同体」づくりの学校改革の同志である。

三、伝統の継承と革新の挑戦

デボラ・マイヤーは、その後、ニューヨークからボストンに移り、ボストンの教員組合と教育委員会の要請に応えて、最も貧困な地域に「パイロット・スクール」としての「学びの共同体」の学校づくりに挑戦する。「パイロット・スクール」は、公立学校を私立化するチャーター・スクールに対抗し、公立学校の内側からの改革を推進するモデル・スクールであることを意味している。私が、神奈川県茅ヶ崎市で教育委員会の要請に応えて「学びの共同体」の「パイロット・スクール」(浜之郷小学校)づくりに挑戦したのと同時期である。私は、ボストンのこの「パイロット・スクール」も何度も訪問し、デボラ・マイヤーから学び続けてきた。

ボストンの新しい学校の挑戦においてもデボラ・マイヤーの仕事ぶりは同様であった。彼女は毎日、自宅を出て学校に向かうとき、「私の学校に行くのではない。彼らの学校(their school)に行くのだ」と自分に言い聞かせるのだという。この言葉通り、彼女は校長であるが、「自分の学校」という意識は微塵も感じさせない。彼女の校内での仕事はそのすべてが「彼らの学校」(生徒たち、教師たち、保護者たちの学校)づくりに傾注されている。具体的に言えば、「彼ら」の一人ひとりの声を聴くこととその希望を実現することに大半の時間が費やされている。もの静かでいつも微笑みを浮かべている彼女の姿と、一人ひとりが主人公となって学び合い、民主主義を生き方の哲学として構成された共同体としての学校の姿は、いつ訪問しても感動的である。

2年前、私がアメリカ教育学会の年次大会の基調講演に招かれ、「学びの共同体」の学校改革について講演を行う機会を得たとき、デボラ・マイヤーは指定討論者を申し出て、この基調講演の栄誉を同じ演壇に立って讃えてくれた。私と同じ基調講演の大役を彼女は10年ほど前のアメリカ教育学会において果たし、「学びの共同体」の学校改革の実践を全米の教育学者たちに報告した。

その場に私は聴衆の一人として参加していたのだが、彼女の講演は感動的でスタンディングの拍手が鳴りやまないほどであった。その直後、司会者が彼女にこう質問した。「最後にせっかくの機会なので、教師として教育学者に期待したいことをお話しください」。デボラ・マイヤーの回答は衝撃的だった。「Nothing」（教育学者に期待することは何もない）。会場を埋め尽くした教育学者たちは、その直前まで熱狂していたが一挙に凍りつき、重苦しい空気に包まれた。もの静かな彼女だが、語る言葉はいつも正直で誠実であり、言葉本来の意味でラディカルである。教育を愛し教育に希望を託し、教育の現実と格闘し続け、教育に生涯をかけた彼女ならではの言葉に接し、私はますます彼女を尊敬し、彼女から学び続けることを自らに誓った。なお、デボラ・マイヤーは現在、ニューヨーク大学の教授として後進の教師たちの育成に努めている。

北イタリアの幼児学校

――レッジョ・エミリアの挑戦

一、改革の希望

これまで多くの国々の多くの学校の創意的な挑戦に学んできた。訪問した国々は20か国以上、海外で訪問した学校は300校を超えている。近年、日本人全体が「ひきこもり」症状に陥っていて、海外の経験から学ぶことを怠っている。教育者も教育学者も同様である。どの海外の学会に参加しても日本人の参加者が激減しているのは嘆かわしい限りである。内への「ひきこもり」は独善主義の温床にもなる。これで日本の教育や教育学は大丈夫なのだろうか。

2009年3月の末、8年ぶりに北イタリアのレッジョ・エミリア市の幼児学校を訪問した。この小都市の幼児学校と託児所は、世界で最も創造的な教育実践を行っていることで知られている。8年前の訪問は「子どもたちの百の言葉」の展覧会をワタリウム美術館において準備し、ビデオ『レッジョ・エミリア市の挑戦』(小学館)をカメラマンと同行して取材し撮影することを目的とした訪問であった。今回は、2011年に、同じワタリウム美術館で予定している「驚くべき学びの世界」の展覧会を同館の和多利悦子さんと同行し準備するのが目的である。

私がレッジョ・エミリアの教育を知ったのは1989年、ボストンの公会堂で「子どもたちの百の言葉」展を観覧し、子どもの創造性と教師の卓越性に驚嘆したのがきっかけである。「ここに未来の教育がある」心底、そう実感したのである。その後、レッジョ・エミリアの教育は世界中の教育者に知られるものとなり、日本においても2002年に開催された最初の展覧会を契機として多数の本が翻訳され、紹介されてきた。

まだご存じではない方のために、簡単なあらましを述べておこう。レッジョ・エミリア市の幼児教育の改革運動は、レジスタンス運動から出発している。戦後、廃墟となったイタリアにおいて、レジスタンスで闘った市民は平和と民主主義の教育を実現できる自分たちの幼稚園づくりに立ちあがった。この市民たちに協力したのが、その後、中心的指導者として活躍したローリス・マラグッチ(1920~1994年)である。彼はピアジェが所長を務めるジュネーブのルソー研究所で発達研究を行った教師であった。彼と親たちは、

写真上下とも、レッジョ・エミリアの幼児学校での表現活動風景

ナチスが遺したトラックと戦車を廃材にして売って資金をつくり、手作りで焼いたレンガで一つひとつ校舎を建てて、イタリアで最初の公立の幼稚園をレッジョ・エミリア市に建設した。マラグッチは「創造性の教育とは何か」と聞かれたときは、「戦車から幼稚園をつくること」と答えていた。

この小さな挑戦を支えたのは、イタリアの児童文学者ジャンニ・ロダーリ（『ファンタジーの文法』〈ちくま文庫〉の著者）などの知識人、女性の働く権利や子どもの人権を守る活動家、そして子ども中心主義の教育を推進する教育学者たちであった。1960年代にレッジョ・エミリアの幼児教育は、イタリアで最も公共的で最も民主的で最も創造的な教育を実現している幼児学校として国内に知られるものとなり、その卓越した実践は１９７０年代には北欧諸国にも知られるものとなる。

私が11年前に訪問した折に写真を見て驚いたのは、すでに１９７０年代にジェローム・ブルーナーが頻繁にレッジョ・エミリアを訪れ、この地の実践に学んでいたことである。つくづくブルーナーという人はすごい人だと思う。いや、ブルーナーを招き、後にはブラジルの教育学者パウロ・フレイレも招いて、この小都市を世界の教育改革の最先端へと導いたマラグッチは実践者としてはもっとすごい人である。彼は、フレイレと並んで20世紀後半を代表する最も優れた教育改革者だと思う。

二、授業はピンポン、学びはジャンピング

マラグッチは、レッジョ・エミリアの幼児教育を創造する過程で、20世紀の新教育と教育学・心理学の理論の統合を試みた。

デューイ、フレネ、フェリエール、アガッチ、モンテッソーリの教育学。ピアジェ、ヴィゴツキー、ワロン、ブロンフェンブレンナー、ガードナーの発達心理学。ベイトソンの哲学、ホーキンスの科学教育哲学など、いくつもの理論の統合が、レッジョ・エミリアの

教育実践の創造的なアイデアの基礎になっている。

マラグッチの言葉はシンプルであったが、物事の核心をついていた。例えば彼はいつも「授業はピンポン、学びはジャンピング」と言っていた。「子どもは百の言葉を持っている」というのも彼の中心的主張の一つである。

マラグッチは、子どもの観察と教師との協同研究によって、想像的な表現活動を中心として子どもの創造性の発達を促進する幼児教育の様式を開発した。その特徴は、以下のように概括できる。

創造性を子どもの誰もが保有している潜在的能力と見なし、想像力による多様な表現活動をすべての教育活動において展開する。

①各学校（幼児学校と託児所）にそれぞれ、教育学者（ペダゴジスタ）と芸術家（アトリエリスタ）を配置し、教師たちと協同で教育実践の創造を行う。

②各教室に2人の教師を配置してTT（ティーム・ティーチング）で授業を行う。

③各学校にアトリエを設け、各教室にもアトリエを付設して、表現活動を触発する多様な素材を準備する。教室とアトリエでは画材、粘土に加え、光と影を演出するライト・テーブルやプロジェクター、グラフィックスをデザインするコンピュータが活用される。

④教育における優先権が子どもの表現におかれ、子どもの探究と表現の活動は小人数の

プロジェクト単元における協同的な学びとして組織される。
⑤子どもの活動はドキュメンテーションとして記録され、ドキュメンテーションの省察によって教師の協同研究と教師と保護者、保護者同士の対話が促進される。
⑥各学校が学びの共同体を構成するだけでなく、地域もまた学校を中心として学びの共同体を構成する。

三、改革の現在

到着した当日の歓迎会で、20年前ボストンの「子どもたちの百の言葉」展で会ったカーラ・リナルディさん（レッジョ・チルドレン会長）と再会し、彼女からローリス・マラグッチ国際記念館が創設されたこと、幼児学校と託児所の数が倍増したこと、および新しい展覧会「驚くべき学びの世界」がアメリカからスタートしたこと、その展覧会では学びの空間が主題化され、美術と舞踊の統合が試みられていることなどの紹介があった。翌日、さっそく幼児学校と託児所を訪問することとした。

8年ぶりに訪問したレッジョ・エミリアの幼児学校と託児所は、その革新的で創造的な実践を継承しつつ、新たな展開を見せていた。その一つは、多文化教育の前進である。

最初に訪問したローリス・マラグッチ国際記念館の隣の新設の幼児学校では、地域の特性もあって教室にイタリア人の子どもは2、3人しかいなかった。8割以上の子どもたちは外国籍であり、中国、ナイジェリア、ガーナ、アフガニスタンなどからの移民の子どもたちである。11年前に訪問したときは、いくつかの学校で2、3人の中国人の子どもを見かけただけであった。その変化は大きく急激である。市全体では、移民の数が住民の12％に達し、これまでイタリア人のみの学校は急激に変貌しつつある。この変化に伴い、レッジョ・エミリアの教育においても多文化教育が中心的テーマの一つになりつつある。

二つ目の変化は教師の世代交代である。11年前に訪問した幼児学校と託児所のほとんどのペダゴジスタ、アトリエリスタ、教師が新たに入れ替わっていた。このスタッフの大規模な交代は、2008年9月に市の財政難により4割の教師が交代したことにより、いっそう強まったという。レッジョ・エミリア市は少子化傾向が激しいイタリアにおいて、例外的に幼児の数が増加しており、幼児学校、託児所の倍増が行われたのだが、それと並行して財政難が生じ、教師の世代交代が加速したのである。

三つ目の変化は、ペダゴジスタ、アトリエリスタ、教師の世代交代にもかかわらず、レッジョ・エミリアの幼児教育の実践の質は着実に前進し、新たに小学校教育との連続性が追求されるなど、新しい展開を示していたことである。もちろん、教師の大規模な世代交代と幼児学校と託児所の施設数の増加は、いくつかの困難も生み出していた。10年前のワタリウム美術館での展覧会において招聘したアトリエリスタのヴェア・ヴェッキさんは、今は展覧会と出版のディレクターとして活躍しているが、世代交代によって実践の質は維持しているものの、理論化や出版には以前より時間と労力を要すると率直に語っていた。しかし、参観した限り、これほどの教師が入れ替わったにもかかわらず、教育実践の質は確実に維持され、そのスタイルや方法はむしろ洗練されている。その秘密はどこにあるのだろうか。

次の章では、教室の実践を具体的に紹介し、その秘密に迫ることにしよう。

北イタリアの幼児学校
——芸術表現の創造性を育む

一、実践の現在

さわやかなイタリアの春の日、ワタリウム美術館の和多利悦子さんとレッジョ・エミリア市のディアナ幼児学校とマラモッティ託児所を訪問した。

ディアナ幼児学校は8年ぶりの再訪である。教師も子どもも変わっていたが、かつて『ニューズ・ウィーク』誌で「世界一卓越した学校」と評価された教育実践と学習環境は健在だった。3歳児、4歳児、5歳児のそれぞれの教室で3人から5人の小グループの子どもたちが、それぞれプロジェクト学習を展開していた。プロジェクトのテーマは「人の群れの粘土」「春の花の絵画制作」「太陽の造形」「恐竜の物語」「海底の風景の作曲」など、多彩であり多様である。5歳児クラスは、教師が着任して早々でせわしない対応に追われていたが、他のクラスは、いずれも穏やかな雰囲気の中で、子どもたちはそれぞれ創造的活動に没頭していた。その静かな学びの環境と教師と子どもの繊細な関わりの風景も8年前と変化していない。

あえて変化した点を挙げるとすれば、プロジェクト単元がいっそう様式的に洗練され安定していることと、現在のレッジョ・エミリアの幼児教育改革の中心テーマ「驚くべき学びの世界」が、学びの場所と環境づくりとして意識的に追求されていることだろう。

ディアナ・スクールも他の幼児学校や託児所と同様、芸術的表現活動のためのアトリエが校舎の中心に一つと各教室に二つ（ミニ・アトリエ）設けられているのだが、それらのアトリエの豊富な表現素材（絵の具、筆、紙、木の実や小石や砂、ボタンやビーズやガラス玉やネジや釘など）が、これまで以上に細かく分類され、整理されていた。

レッジョ・エミリアの幼児学校の教室における学びと表現の環境づくりは、何度見ても驚嘆に値する。一つのアトリエに、おそらくは100を超えると思われる多彩な素材が、小さなケースにきれいに整理されて準備されている。

これまでアメリカやカナダやドイツやフランスの学校訪問においても、教室の学びの環境づくりの素晴らしさや教室に準備された資料や素材の豊かさに感銘を受けることは多かったが、レッジョ・エミリアの幼児学校と託児所のアトリエほど、自然物、人工物の多種多彩な素材が豊饒に準備され、しかもそれらの素材が細かく分類されて美しく整理されている教室は経験したことがない。こういう教室環境を目の当たりにすると、日本の学校の校舎と教室の無味乾燥な風景が不気味に思われてくる。教師の仕事をもっと専門家らしい洗練された仕事にするためにも、子どもの学びをもっと豊かで洗練されたものへと高めるためにも、私たちはもっと学びの環境をより豊かなものへとデザインする必要があるし、学びの資料や素材を教室環境として豊富にし、充実させる必要がある。

レッジョ・エミリアの幼児教育の実践はこれまで創造的な美術表現の活動として知られ、子どもの活動はプロジェクトのテーマに即した絵画表現と粘土づくりに集約されてきたが、現在の実践は、子どもの活動も音楽活動、読書活動、ダンス表現など総合的なものへと発展しつつある。

二、環境のデザイン

レッジョ・エミリアの幼児教育に関しては、アメリカを中心として子どもの創造性の教育と芸術教育の卓越性に関心が集まってきた。確かに、子どもの作品やその創作過程の記録を見ると、レッジョ・エミリアの幼児教育が子どもの知的発達と創造性の発達において、

ディアナ幼児学校の校内風景

比類のない優秀さを誇っていることは事実である。

しかし、私たちが学ぶべき事柄は教育の達成した成果よりも、むしろこれほどの優れた実践を創出し持続させている教育の基盤と条件にあるのではないだろうか。前回の訪問のときにもそう感じたが、今回はいっそうその思いを深くした。

レッジョ・エミリアの幼児教育の基盤は、この小都市の職人工芸の歴史的伝統とレジスタンス運動を起点とする民主主義の歴史的伝統にある。この二つの伝統が、幼児教育において創造性の教育と学びの共同体づくりの教育実践に具体化されている。そして、この二つの歴史的伝統は、グローバリゼーションによって新たな展開を示しているように思われる。

ハーバード大学の政治学者ロバート・パットナムは、グローバリゼーションによって経済的に活性化している地域として北イタリア地域と北欧のフィンランドを挙げ、この二つの地域においては、「経済資本」よりも「社会資本」が経済的活力の源泉になっていると指摘している。「社会資本」とは人と人のつながりを意味している。実際、グローバリゼーションの時代は世界的な大企業の時代と思われがちだが、実際には経済的活力の高い地域は中小企業の活力によって成り立っている。北イタリアは服飾のデザインと工芸によって世界をリードする地域であり、レッジョ・エミリア市の位置するエミリア・ロマーニャ地方の企業数は何と世帯数に匹敵している。一人が複数の企業で多様な経済活動を展開しているのである。レッジョ・エミリアの創造性の教育実践は、そういう基盤に根ざして発展している。

ディアナ幼児学校の次に訪問したマラモッティ託児所は、2年前（2007年）にこの市の代表的企業であるマックス・マーラ（Max Mara）の寄付によって設立された託児所である。訪問して北欧風の現代建築の素晴らしさに感動した。0歳児から2歳児までの保育を行う託児所でも、幼児学校と同様、ペダゴジスタ（教育学者）とアトリエリスタ（芸術家）が1名ずつ配置され、それぞれの教室に明暗二つのアトリエが配置されて、芸術表現活動を中心とする創造性の教育が、教師2人のTT（ティーム・ティーチング）によって実践されていた。

0歳児の子どもたちは絵の具や粘土を使った造形遊び、1歳児の子どもはテラスにおいて自然素材や人工素材を用いたデザイン活動、2歳児の子どもは「ピーターと狼」をCDで聴いた後に、照明器具を使った光と影によるイメージ表現の活動を展開していた。ここでもプロジェクトによる学びの様式の洗練は着実である。

マラモッティ託児所を訪問した後、8年前と同様、マックス・マーラ社長のマラモッティさんの招待を受けて、和多利さんと一緒に社長室を訪れた。マラモッティさんは現代芸術への造詣が深く、会社の工場の隣に現代美術の作品数百点を展示する「マラモッティ美術館」を開設していた。どれもイタリアの現代美術を代表する作家の大作ぞろい、素晴らしいコレクションである。マラモッティさんは日本の学術や美術への関心も高く、この日の訪問でもひとしきり南方熊楠についての話がはずんだ。

三、伝統と創造

どこの国のどの学校を訪問しても感じることだが、学校の教育は、その地域の文化と歴史の伝統に深く根ざしている。教育政策の決定者たちは、学校を真空地帯に浮かぶもののように想定し、一方的に外から改革を断行しようとするが、そのような学校改革が成功したためしがない。また、教育政策の決定者たちは、安直に学校の統廃合を推進しているが、一つの学校をつぶすのは簡単だが、一つの学校の教育を創り出すのにどれほどの手間暇がかかるかはほとんど認識していない。もし優れた学校教育を創出したいと願うならば、その地域の歴史と文化の伝統を育て、その伝統に根ざした教育を創造する必要がある。

ディアナ幼児学校とマラモッティ託児所を訪問した後、ローリス・マラグッチ国際記念館のクラウディアさんは、レッジョ・エミリア市の芸術文化センターと市立美術館と最近開設された写真美術館（サラエボの戦争写真展開催）を案内してくれた。芸術文化センターは市教育委員会の文化センターであり、同時に音楽と美術の芸術大学・大学院でもあった。幼児学校と託児所は、このセンターとの密接な連携によって芸術教育を推進している。その直後に訪問した市の中心の広場（ピアッツア）に面する市立美術館は、ローマ帝国時代のエミリア街道の歴史史料と美術品を数多く展示していた。そして市立美術館の奥の一角に「フォンタネシ記念館」があるのを発見した。この発見は幸運だった。

アントニオ・フォンタネシ（フォンタネージ）は、明治9年に工部大学校（東京大学の前身の一つ）の付属機関である工部美術学校のお雇い外国人として来日し、日本人に初めて本格的な洋画を教えた教師である。来日期間はわずか2年間で短かったが、浅井忠、五姓田義松、山本芳翠など多くの画学生を教え、日本の洋画の礎を築いた。そのフォンタネシの生まれ故郷はレッジョ・エミリアだった。フォンタネシはこの地に生まれ、パリでバルビゾン派の影響を受け、フィレンツェで印象主義を学び、トリノの美術学校の教師を務めた後、日本政府の招聘で工部美術学校の教師となった。

「フォンタネシ記念館」は彼の多数の作品を所蔵していたが、当時イタリアを代表する画家であっただけに優れた作品ばかりである。その中には、おそらく芝の増上寺を描いたと思われる大作も含まれていた。その絵の前に立ち、レッジョ・エミリア市と日本との芸術の歴史の深いつながりに感銘を受けずにはいられなかった。

芸術の歴史とはそういうものなのだと思う。学校の教育も同様である。一つの学校の教育が実りあるものとして創造され発展するためには、その基盤に地域社会の文化と歴史の伝統があり、その文化を支える国内外のつながりがあり、学校がその文化と歴史の伝統とつながることが必要なのである。

教室の静かな革命
――中国

一、疾走する中国

中国は疾走している。経済成長率は毎年9％前後、2008年にGDPはドイツを抜いて世界第3位に上昇、2011年には日本を抜いて世界第2位になった。数十年後には、アメリカを抜いて世界一の経済大国に成長するのは必至と言われている。表現を変えれば、疾走しなければ倒れる中国とも言える。富裕層と貧困層、都市と農村の格差、教育の過熱や拝金主義による倫理の衰退、過剰投資によるバブルの危機など、いくつもの危機を内包した社会の急激な変化が大規模に進行している。

中国における「学びの共同体」への関心は15年ほど前に遡る。上海の華東師範大学の鐘啓泉教授を中心に私の著作の講読会が生まれ、多数の論文と3冊の本が翻訳出版された。

中国が「資質教育（quality education）」を掲げる改革を積極的に展開した時期である。「資質教育」は、受験中心の詰め込み教育（応試教育）からの脱却を意味し、創造的で探究的な思考能力の発達を求めていた。「応試教育」から「資質教育」への変革において、私の「学び」を中心とする教育学と「学びの共同体」を理念とする学校改革の理論は中国全土に普及し、「資質教育」を推進する人々の政策と実践の基礎となった。

この動きに拍車をかけたのが、２００６年に人民大会堂の科学者教育者会議で行った記念講演（科学技術部と教育部による招聘講演）である。不覚にも私は、小さな研究会の講演と誤解し訪中したのだが、人民大会堂のメイン会場に各大臣、主要大学の学長、各省教育長、教育関連学会会長、科学技術関連学会会長などが席を埋める開幕式で基調講演を行う事態にとまどいっぱなしであった。人民大会堂の講演は海外の学者では初めてという名誉と、クリントン大統領と同等の晩餐会という歓迎には恐縮の限りであった。以後、３冊の翻訳本は教育関係者必読のベストセラーとなり、中国のインターネットで「学びの共同体」と「佐藤学」の2語で検索すると、15万件以上がヒットする状態が続いている。

なぜ、これほどの反響を私の著書と講演が呼び起こしたのだろうか。その理由を私自身明確に理解しているわけではないが、人民大会堂の講演で贈られた「記念の盾」には「中国の朋友、現代のデューイ」という銘が刻まれていた。１９２０年から１９２２年にかけ中国の教育の民主化に貢献したデューイになぞらえた期待が記されている。到底、私の能力も実績も及ばない過分な賛辞であるが、「学び」を中心とする教育改革と「学びの共同体」を追求する学校改革に、それほど熱い期待と希望が寄せられている。疾走する中国は変革する中国であり、教育において静かな革命が深く進展している中国なのである。

人民大会堂での講演を契機として、政府の科学技術部（未来教育学会）と教育部（教育発展戦略学会）の支援によって北京に「中国学びの共同体研究所」が創設され、それを出発点として各地に「学びの共同体研究所」（未来教育学会の一部門）とその実験学校が開設されてきた。そのすべての動きを掌握するのは不可能だが、いくつかの特徴を示すことはできる。

その一つは「学びの共同体」の普及の仕方である。興味深いことに、「学びの共同体」の学校改革は政治状況を反映して活発な地域と不活発な地域がある。また北京や上海などの大都市では、著名大学の附属学校や富裕層地域の名門の学校で積極的に導入される一方、辺境農村部の貧しい地域の学校や少数民族の地域の学校で熱心に取り組まれている状況もある。総じて「学びの共同体」の学校改革は「資質教育」の最も有効なヴィジョンを示すものと理解され、創造性の教育、探究中心の授業、実験や観察や調査に基づく学び、協同的学び、教職専門性の開発、教師の研究活動の推進など、多様な取り組みの総称として理解されている。私の見聞した限り、日本の「学びの共同体」づくりの学校改革より哲学的かつ理論的であり、実践はより多様で包括的である。

二、学校を訪問して

２００９年11月、上海での講演と研究会を終え、通訳の于莉莉さん（東京大学大学院生）と西安へと向かった。咸陽市と西安市における「学びの共同体」の学校改革を支援するためである。空港では、咸陽師範学院の王西明教授が花束を抱えて迎えてくれた。王さんは、人民大会堂の講演で最も信頼を獲得した教育学者の一人である。王さんは私を咸陽師範学院へと案内してくれ、大学構内の一角には「咸陽学びの共同体研究所」が創設されていた。翌日には、私の咸陽訪問を記念し、西安市と咸陽市の五つの学校が「学びの共同体」の実験学校として創設式を行うという。そのすべてを訪問することはできないので、咸陽市の中心にある西関小学校を訪問した。

朝９時、西関小学校を訪問すると、赤い横断幕が正門と玄関に掲げられ、「学びの共同体」の実験学校としての出発と私への歓迎の言葉が記されている。その横断幕の下の通路の両側に子どもたちの鼓笛隊が立ち並び、その後ろに教師、子どもたちが並んで私たち一行を

咸陽市「学びの共同体」実験学校の創設式

歓迎してくれた。実験学校の開始記念式典を行った後、各教室を訪問し、その観察をもとにして同校の教師たちと意見交換の会合がもたれた。

率直な印象を言えば、咸陽の実験学校はこれまで北京や上海で訪問した「学びの共同体」の実験学校ほどには洗練されてはいない。疾走する中国の教育改革は地域によるタイム・ラグが大きい。咸陽の実験学校の授業は伝統的様式から抜け出しているとは言えないし、学びの様式も活動的で協同的な学びへと脱皮しているとは言いがたい。

しかし、改革への熱い意志、イノベーションを求める教師たちの活力は、北京や上海の実験学校以上であった。教師たちは「創造性の教育」と「探究的思考」の導入について熱心に試行錯誤の努力を重ねており、その研鑽が教室の静かな革命へと結実することは明らかだった。

その日の午後、咸陽師範学院において「学びの共同体」の講演会が催され、その会場で名誉教授の授与式が行われた。500名を収容する講堂は満席となり、講堂の外で300名もの聴衆が講演を聴くという盛況ぶりであった。会場を包んだ熱気と熱いまなざしは、この地域の教師たちの改革への意志が並々ならぬものであることを示していた。

翌週の月曜日、王さんと姫建峰さん（咸陽師範学院教育学部長）とともに車で2時間半、咸陽市郊外にある二つの実験学校、彬県城関中学校と彬県実験小学校を訪問した。両校とも「学びの共同体」の学校改革を開始して3年目を迎えているという。

二つの学校を訪問すると、どちらの学校も、一つの部屋に、教師たちの研究集録、カリキュラム開発の記録、授業研究の記録など山のような資料が整理して提示してあった。このような研究資料の展示は、おそらく視学官が訪問するときの伝統的儀式なのだろう。それらの研究集録の資料を手にしてみると、その研究と研修の記録が丁寧で精緻に考察され、これらの学校の教師たちの実践が誠実に展開されてきた足跡をたどることができる。中国語を読めない私だが、研究資料のいたるところに私の著書からの引用が記され、そのアイデアをもとに各教師がそれぞれの哲学を形成しながら、それぞれの授業実践を創造している歩みは驚嘆せずにはいられなかった。彼らの取り組みは、日本の「学びの共同体」の学校改革に挑戦している教師たち以上に、探究的であり哲学的であり理論的である。

しかし、この教師たちの創意的な実験は数々の制約に支配されている。二つの学校のすべての教室を参観して、いくつも驚くことがあった。一つは教室における子どもの数の多さである。城関中学校では一つの教室に70人以上の生徒、実験小学校ではどの教室も90人以上の子どもたちが一斉に学んでいた。教室の広さは日本の教室と同等だから、どの教室もひしめきあう状態である。このすし詰め状態の教室は、貧しい農村部の学校では珍しい光景ではないという。「学びの共同体」を掲げる二つの実験学校では、どの教室の教師も子どもたちも真摯であり積極的であり前向きである。しかし、ひしめきあう子どもたちの中に入って学びの活動を観察すると、半数以上の子どもが内容を理解していないし、初歩的な誤りを繰り返している。この環境では当然の結果である。

参観後の教師たちの研究会では、時間いっぱい、多数の質問が寄せられた。通常、この種の研究会では、まず校長が長めの挨拶を行い、その後、研修担当者が実験と研究の経過と成果を説明し、その後、大学教授や視学官が講評を行い、最後に校長が謝辞を述べるという形式で進めるらしい。その伝統的な慣行を破り、いきなり教師たち一人ひとりの質問を促し、教師たちとの対話によって研究会を進行したので、一部の年輩者は私に反感を抱いたようである。

しかし、ほとんどの教師はこれまでの研究によって発見したことと疑問に思ったことを生き生きと語りだした。「一教室に90人という状態で、4人による小グループの学び合いをどう実現すればいいのか」「協同の学び合いが十分に展開できない条件のもとで、対話的コミュニケーションによる探究的な学びや、低学力を克服する学び合いをどう実現すればいいのか」「90人の教室で、小グループの協同的学びを導入できないまま『学びの共同体』づくりを創造性の教育や探究的思考の教育に求めて挑戦を重ねてきたが、いったいそれが可能なのかどうか、たとえ可能であったとしてもそれが『学びの共同体』の実験なのだろうかという疑問にいつも襲われる」これらの質問に対して、私は答える言葉を失っていた。ただただ苦労を察し敬意を表するばかりである。

その前日、咸陽の兵馬俑、西安の古都の遺跡（長安）を観光し、漢字も教育も文化も宗教も、日本人がこの地に留学し学んだ歴史に思いを馳せた。その綿々たる日中の文化交流の歩みの延長線上に「学びの共同体」の学校改革も位置づけたいと思う。

ハルピン市の「学びの共同体」訪問

一、「東洋のパリ」へ

２０１０年8月13日、北京経由でハルピンを訪問した。北京では3年ぶりに中央教育科学研究所を訪問、袁振國所長と「日中教育学フォーラム」の企画など有益な会談が実現した。中央教育科学研究所は中国の教育学の先端的研究の中核であり、その出版局（教育科学出版社）は私の三部作（『カリキュラムの批評』『教師というアポリア』『学びの快楽』）の中国語版を出版している。懐かしい人々と愉しい会談を終えた後、ハルピンに向かう。ハルピンの旅は念願であった。２００６年に人民大会堂で学術講演を行って以来、ハルピン市教育長の孫さんから熱烈な招待を受け、同地が「学びの共同体」の学校改革の拠点として成長しつつあることを中国の多くの人から伝えられていた。

黒竜江省首府ハルピンの人口は400万人、中国とロシアと日本の文化が交差する魅惑的な都市である。日本の植民地時代には「日本に最も近いヨーロッパ」「パリと東京を結ぶ中間都市」「東洋のパリ」と呼ばれ、その面影は今も美しい市街地に名残をとどめている。特に中央大街は1920年代のロシア建築と並木道が素晴らしく、世界有数の街並みであった。

私の招聘は黒竜江省とハルピン市の教育委員会の5年来の企画であり、アールデコ調のホテル「ハルピン国際飯店」の周恩来が常宿にした部屋を準備するという歓待であった。そして、このホテルで開催された講演会は「学びの共同体」の改革が飛躍する一歩となった。

ハルピン市の学校改革は格好の条件に恵まれている。黒竜江省の孟教育長、ハルピン市の孫教育長、南岡区の路教育長がそろって「学びの共同体」の推進者であるだけでなく、同市の教師のほとんどが私の著書『静かな革命』（原著『授業を変える・学校が変わる』）を読んでいる。その活気を反映して講演会でも研究会でも率直で真摯な議論が展開した。

ハルピン市では、すでに4年前から私の著書だけを頼りに多くの学校が「学びの共同体」づくりに挑戦していた。そのうち4校を訪問して授業を参観し、教師たちと授業改革について協議した。訪問した学校は、花園小学校、継紅小学校、闖江小学校、そして虹橋中学校の4校である。花園小学校では3年生の国語と数学と音楽の授業、継紅小学校では2年生の美術と数学と国語の授業、闘江小学校では3年生の国語と数学と英語の授業、虹橋中学校では化学と国語と数学の授業を参観した。夏休みであるにもかかわらず、私の訪問の機会にと、教師も子どもも登校して授業と検討会が行われた。

中国の学校は日本の学校と比べて規模が大きい。花園小学校の児童数は約3000名、継紅小学校の児童数は約5000名、闘江小学校の児童数は約1000名、虹橋中学校の生徒数は約4000名（小学校も併設しているので合計約7000名）である。学級の規模も大きい。2009年訪問した西安市と咸陽市とその郊外の小学校、中学校の学級規模は70名から90名であった。ハルピン市の上記の4校の学級規模はそれほどではないが、それでも一学級に40名から60名の子どもたちが学んでいる。規模の大きな学校と規模の大きな教室で「学びの共同体」づくりを推進するのは容易なことではない。教師たちの努力には敬服する限りである。

二、進展する改革

4校の授業はいずれも驚嘆すべきものであった。どこのパイロット・スクールを参観したわけでもなく、誰一人スーパーバイザーを得られることもなく、私の著書だけを手がかりにして4年間にわたって模索を重ねてきた教師たちの創意的な挑戦の成果をかいま見て、心からの敬意と感動を覚えた。その一端を、閩江小学校の授業の概要を紹介することによって伝えたい。

閩江小学校は、すべての教室で4人が座れる机と電子黒板を配備していた（電子黒板はハルピン市のすべての教室に整備されている）。この教室環境のもとで小学校1、2年生ではペア学習が展開され、3年生以上では男女混合4人グループの協同的な学びが展開されていた。参観した3年生の三つの授業における小グループの協同的な学びは、これまで中国で訪問した「学びの共同体」づくりを推進する30以上のどの学校よりも洗練されており、日本の「学びの共同体」の学校の授業と比べても遜色のないレベルに達していた。私の訪問に際して授業の公開を募ったところ、同校の30名以上の教師のほとんどが希望し、校長は若い3人の教師の希望を採用したという。この事実が暗示するように、校長の李さんは教師たちの信望のあつい見識の高い女性教師である。

国語の授業では女性教師のポジショニングが素晴らしく、一挙手一投足が的確であり、中国語が理解できない私でも彼女が語りかける言葉の意味が想像できるほど、選ばれた言葉で一人ひとりの子どもに届く語りかけが行われていた。彼女の身体は話しかけているときも一人ひとりの子どものつぶやきを一つ漏らさず聴きとれるように開かれており、その姿を見るだけでも、この4年間の同校の充実した研修の成果を確認することができる。教材は山の四季の美しさを描いた漢詩であり、小グループの協同的な学びによって言葉のイメージを交流し、春夏秋冬の山の美しさを読み描く音読が何度も繰り返された。この授業デザインと展開も見事であるが、それ以上に感動したのは小グループの学び合いに没頭する子どもたちの活動の素晴らしさである。個人主義の強い中国において、しかも3年生においてこれほど自然に学び合いが成立するのは驚きであった。

数学の授業では2位数の繰り上がりの加法の学習が行われた。この女性教師の授業デザインも優れており、複雑な統計表から2位数の関係を読み取らせ、その2位数の計算の方法を探究させ理解させた後に、2位数の繰り上がりの応用問題に進み、計算の方法を言葉で説明させて文章化する作業で結ばれている。小グループの協同的な学びにおいて司会役を決めていたのは唯一の難点であったが、この教室でも3年生としては十分すぎる学び合いが成立していた。

英語の若い男性教師は完璧とも言える授業を展開し、私を驚かせた。教室にバスケットボール、バレーボール、卓球の玉が持ち込まれ、I can play basketball. という表現が学ばれる。そしてバットが出され、What is this? の応答、さらにその複数形（these, they）の応答が学ばれ、この授業で使われた単語のシラブルの区分け（base-ball など）と同じ音節の言葉を連想させる学び（bat, hat, cat など）を経て、最後にまとめの表現活動を行うという展開である。どの内容も教師が一方的に伝えるのではなく子どもの発言によって構成されている点は見事というほかはない。この授業も小グループの協同的な学びが中心に位置づけられており、協同的な学びによる授業という点からも完璧と言える展開である。

闘江小学校の三つの授業は、ハルピン市の「学びの共同体」づくりの学校改革が着実に成果をあげつつあることを如実に物語っていた。

三、アジアの改革の広がり

ハルピン空港から韓国のインチョン空港に移動し、ソウル市郊外の学校において「第1回学びの共同体アクションリサーチ研究会」に参加した。定員400名の研究会だったが、わずか3日で申し込みが定員を突破、200名以上がキャンセル待ちになったという。研究会を企画したのは、教え子の孫于正（ソン・ウジョン）さん（韓国学びの共同体代表）、毎日のように韓国各地の学校を訪問し「学びの共同体」の学校改革を推進してきた。2010年には六つの省で革新的教育長が選出され、学校改革の波は全国化している。特

閩江小学校の協同的な学び

にソウル市に隣接する京畿道の改革はめざましい。この日も、私の講演の後、小学校、中学校、高校のそれぞれ三つの授業のビデオ記録が提示され、合計九つの分科会において「協同的な学び」による授業改革と「学びの共同体」の学校づくりについて熱心な協議が展開された。授業を公開し研究する伝統の薄い韓国である。授業のビデオ記録を提示した教師は「臓器を提供するほどの勇気」を必要としたと笑って語る。参加者のほとんどは「学びの共同体」の学校づくりに挑戦している教師たちであり、初めての全国規模の交流会は朝から夜まで爆発的な熱気に包まれた。韓国の夏も熱い。

この数年、アジア諸国において「学びの共同体」の学校づくりは飛躍的な拡大をとげている。２か月前に訪問したシンガポールでは、「日本の授業研究の歴史と現在」「『学びの共同体』の学校改革」の二つの講演を行ったのだが、この講演会にはシンガポールの小学校、中学校、高校のほぼ全員の校長が参加し、そのうち7割の校長が授業研究を中核とする学校改革に着手していた。自由参加にもかかわらず、二つの講演会に参加した教師の総数は１０００名を超えている。また1か月前にはインドネシアの教育省の行政官と校長32名が１週間にわたって日本を訪問し、私の報告による討議と授業の事例研究のワークショップ、および「学びの共同体」のパイロット・スクール３校の訪問を行った。インドネシアでは今年、「学びの共同体」の学校改革が国家政策となり、毎年４０００名の改革のリーダーの研修が実施される。

ハルピン市の「学びの共同体」の学校改革のうねりとソウルにおける「学びの共同体アクションリサーチ研究会」のうねりは、日本を含むアジア諸国の改革のうねりと共振している。アジア諸国において今、学校教育における「静かな革命」が一挙に進行している。

疾走する上海の授業改革

一、疾走する改革

上海市教育委員会の招聘で２０１１年６月５日から10日まで、上海市教育委員会、華東師範大学、子長小学校、上海教育学院附属学校、および日本人学校浦東校を訪問して講演と研究会を行った。上海への訪問は10回近くになるが、上海市教育委員会からの招聘は初めてである。ＰＩＳＡ２００９において世界第１位を獲得した上海市教育委員会は、急速に普及する「学びの共同体」の学校づくりを授業改革の基本政策として採用し、上海教育学院附属学校を拠点校として改革に拍車をかけている。この訪問で、私は指導主事を対象とする講演を行い、上海教育学院附属学校の公開研究会において授業観察にもとづくワークショップに参加した。その反響は大きく、市教育委員会が発行する雑誌『上海教育』

6月号は、特集「佐藤学上海行」を12ページをさいて編集した。

中国における「学びの共同体」の改革は、10年ほど前から上海市の重点学校を中心に導入され、徐々に中国全土に拡大した。その発端となったのは、華東師範大学の鐘啓泉教授による私の三部作『カリキュラムの批評』『教師というアポリア』『学びの快楽』（いずれも世織書房）の中国語の翻訳出版（教育科学出版社）、および同大学の李李湄教授による『授業を変える・学校が変わる』（小学館）の翻訳出版（『静かな革命』〈長春出版社〉）にある。以後、「学びの共同体」に関するいくつもの論文が、学会誌や教育雑誌において翻訳されている。爆発的普及のきっかけになったのは、2006年に政府の招聘によって人民大会堂で招待講演を行ってからである。以後、「学びの共同体」の学校改革は、北京と上海を中心として中国全土に拡大した。私自身は、2009年に西安市と咸陽市の改革拠点校、2010年にハルピン市の改革拠点校を訪問し、「学びの共同体」が授業改革のヴィジョンと哲学として熱狂的に教師と教育行政関係者に受け入れられているのに驚嘆した。しかも、ハルピン市のいくつかの学校の授業は、日本で「学びの共同体」づくりに挑戦している学校の授業よりも高い質の学びと教師の成長を生み出していた。中国の教育改革は、経済と同様、疾走している。

中国における「学びの共同体」の学校改革は、最初、上海市、北京市などの都市部では著名大学の附属学校や「重点学校」（２００５年に廃止）と呼ばれるエリート校を中心に普及し、その一方で、地方の市の困難校や辺境地域の少数民族の学校で普及するという興味深い展開をとげていた。しかし、最近は、ハルピン市や上海市のように地方都市の教育委員会が政策化する動きが生まれ、それに伴って平均的なレベルの学校に普及している。私自身、何がこの広範な関心と普及の要因になっているのか、十分に理解しているわけではないが、「学びの共同体」の学校改革が、21世紀型の授業と学びのヴィジョンと哲学を他のどの理論よりも具体的に提示し、伝統的な一斉授業と知識詰め込み型の学びからの脱却を方向づけていることは確かである。

二、「質」と「平等」の同時追求

今回、訪問した二つの学校の授業は、いずれもレベルの高い教育内容を協同的な学びで達成する興味深い実践であった。最初に訪問した子長小学校は、市内では平均レベルの学校である。この学校が「学びの共同体」の学校改革に着手したのは4か月前、華東師範大学の沈暁敏教授に、日本人学校浦東校（福井明雄校長）で開始されていた「学びの共同体」の授業改革を紹介され、その教室を訪問した教師たちによって授業改革が開始されたことに端を発している。参観した教室は二つである。一つは、小学校3年の英語の授業、もう一つは、小学校5年の数学の授業である。

小学校3年の英語の授業では、最初に英語の歌が歌われ、四季の特徴を表現する数分間の英語のビデオを見た後、どの季節が好きか（what の疑問文）、それはなぜか（because の説明文）の練習が行われた。その練習と発表が終わると、四季ごとの「天気」「植物」「スポーツ」などの特徴を英語で一覧表に作成する小グループの協同的学びが行われ、その表が完成すると、どの季節が好きか、その季節の「天候」はどうか、その季節の「植物」は何か、その季節の「スポーツ」として何を楽しむかを英語で表現する活動が、まず小グループの協同的学びで展開され、その後で、ペアで発表し合う活動が展開された。とても小学校3年生とは思えない内容である。しかも、教師も子どもも英語だけで話している。中国では英語教育は小学校3年から導入される。ただし上海市は独自の教育課程を作成しており、小学校1年から英語を導入している。日本との決定的な違いは、教師はすべて英語専科の教師であることだろう。それが内容レベルの高さと質の高い学びを保障している。

小学校5年の数学の授業も、「学びの共同体」づくりの授業として質の高い学びが実現していた。題材は「二元連立方程式」である。日本では中学校で教える x と y を使った連立方程式が、上海では小学校5年で教えられている。しかも、x パーセントの濃度のジュースを△△ccと y パーセントの濃度のジュースを××cc混ぜると○○パーセントになるという問題と、○○パーセントのジュース x ccと△△パーセントのジュース y ccを混ぜると何パーセントのジュースになるかという問題であり、内包量の理解も求められ、小学校5年としては相当高いレベルである。授業は、男女混合の4人グループの協同的学びを中心に展開され、一つの課題が終わるごとに、多様な解法の発表と共有が行われた。どの子どもも夢中になって取り組み、驚くことに、一人残らず正解に達していた。

三、高い質と平等の秘密

PISA2009の国際学力調査において、上海市は学力平均においてダントツの世界一であっただけでなく、学力格差も世界一少なく、最低ランクの学力レベルの子どもの数も世界一少なかった。このPISAにおける上海市の結果については、サンプルなどの点で一部信憑性も疑われているが、私自身は、これまでの上海市の多数の学校訪問の経験から、この結果をPISAの公表前から予想していた。程度の差はあれ、結果自体は真実だと思う。

今回の学校訪問と授業観察の一つの目的は、学力水準の高さと学力格差の少なさと低学

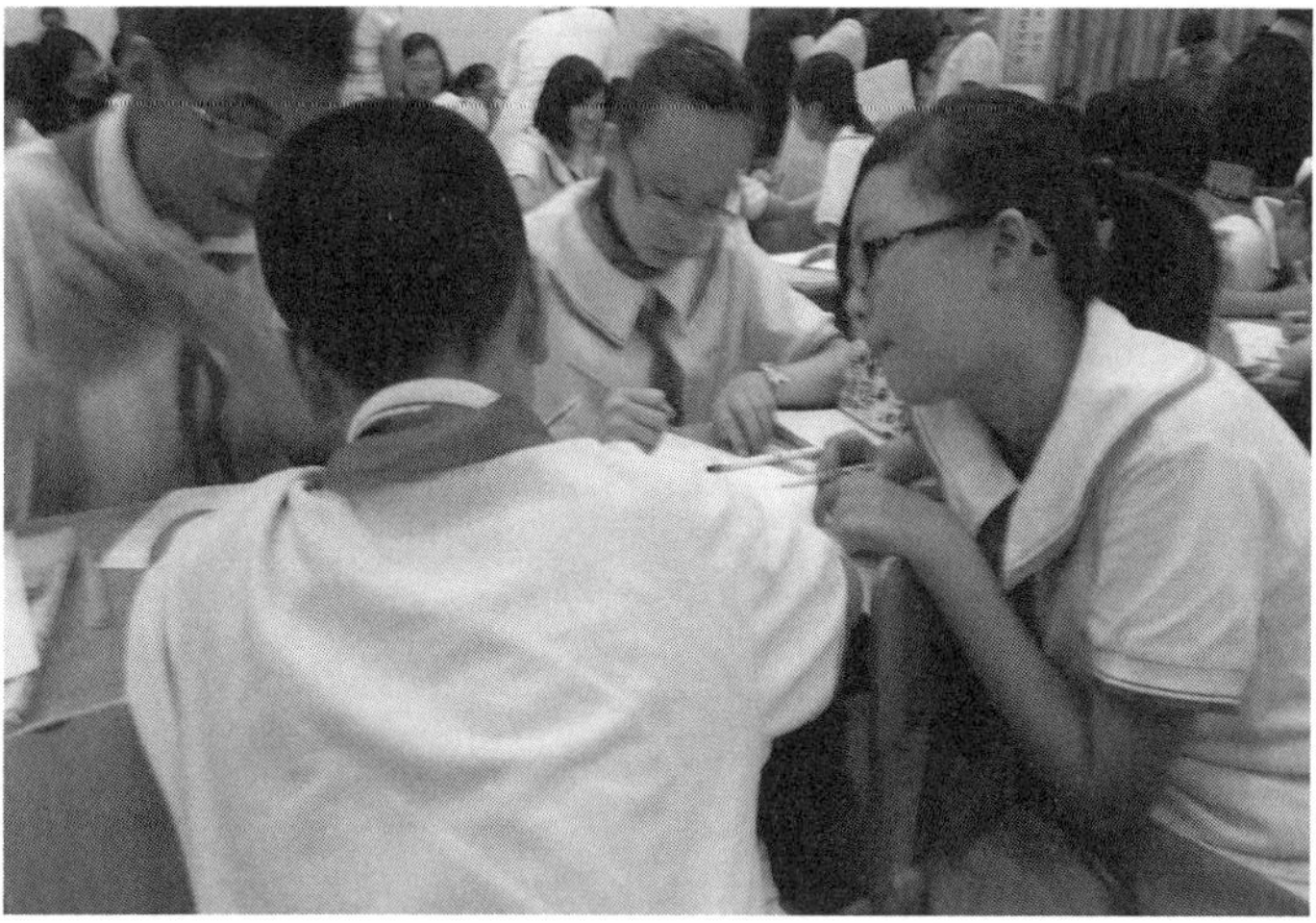

上海教育学院附属学校の「学びの共同体」（中学校１年）

力の子どもの少なさは、授業のどこに起因しているかをこの目で確かめることであった。

上海教育学院附属学校における「学習共同体」の公開研究会に参加し、改めて上海市が世界一の学力を達成した秘密をかいま見ることができた。公開研究会は「学習共同体・『茶館式』教学」と銘打たれていた。「茶館」は茶の急須であり、思考を煎じつめること（deliberation と elaboration）を意味しているらしい。

提案授業は、小学校1年の国語「端午の節句：ちまき」と、中学校1年の数学「無理数と対数の計算」の二つの授業であった。小学校1年の国語では、端午の節句で食べる「ちまき」の由来とその料理の特徴を記した文章を読んで、漢字、言葉の学習と読解と解釈の学習が行われた。「学習共同体」を原理としてペア学習と協同的学びが、全体の基調となっている。他方、中学校1年の数学では、無理数と対数の乗除の計算が「共有」と「ジャンプ」の二つのレベルによる学習課題に組織されて、男女混合4人の協同的学びとして組織されていた。ここでも教育内容のレベルの高さには驚く。対数の乗除は、日本では高校1年のレベルである。

前日に参観した上海市では中レベルの子長小学校の英語と数学の授業、および、市内では教師の水準で最高レベルと想定される上海教育学院附属学校(子どもは選別していない)の国語と数学の授業は、共通した特徴を示していた。

第一に何よりも内容レベルの高さにある。日本の内容レベルと比較すると、小学校も中学校も2年から3年のレベルの開きがある。一般に内容レベルをあげると、低学力の子どもが増えると、常識的には想定しがちであるが、PISAの結果を見ると、学力格差の少ない国・地域(上海、フィンランド、カナダ、オーストラリア、韓国など)は、内容レベルの高い国・地域であり、逆に学力格差の大きい国・地域は内容レベルの低い国・地域である。この一見矛盾する結果は、教育学的に大いに検討すべき課題だと思う。

第二に、教師の質と能力の高さにある。中国は都市部と農村部で教育の格差が著しく大きいが、これまで訪問した北京市、上海市、西安市、咸陽市、ハルピン市などの都市部の学校においては、いずれも教師の質と能力が高かった。改革が急速度で進行しているだけに、教師たちはよく本を読み、よく学習していることも特徴的である。授業の技術と技能は、日本の教師と比べて優れていると思われる。

第三に、どの授業を参観しても印象深かったことだが、できない子、わからない子を授業の展開の中心に設定している。どの教室でも、できない子、わからない子は一人残らず必ず指名され発表の機会を与えられていた。さすが「社会主義の国」である。

第四は、ペア学習、小グループの協同学習の活用である。上海市教育委員会が「学びの共同体」の導入を政策化したのも、21世紀型の授業と学びの様式が、ＰＩＳＡなどで好成績を示したからである。

今、上海の学校では「静かな革命」が急激に進行している。伝統的な授業と学びの様式から協同的な授業と学びの様式への「静かな革命」である。どの学校も疾走する「静かな革命」によって根本的な改革の渦中にある。この改革に協力し、その進展を見守りたい。

学校文化の変革へ
―韓国における「学びの共同体」の挑戦

一、教師たちの挑戦

韓国に「学びの共同体」づくりの学校改革が導入されて、ほぼ10年が経過した。導入当初は緩やかであったが、近年は爆発的とも言える普及である。「学びの共同体」づくりの学校改革は、教師たちの関心と挑戦のエネルギー、学校政策への影響のいずれにおいても日本を凌駕する勢いを示している。

この数年、韓国から毎年総勢200名近い教師、教育行政関係者、教育学者が日本のパイロット・スクールを訪問するツアーに参加している。このツアーの企画者は、ソウル市教育委員会の設置している青少年センター兼教師研修センターであるハジャ・センターの「学び工房」を主宰する孫于正（ソン・ウジョン）さんである。彼女は1980年代の民主化の学生運動のリーダーの一人であり、新羅女子大学で講師を務めた後、東京大学大学院に進学し、私の研究室で韓国の中等学校の植民地教育の歴史を研究し、博士の学位を取得した卓越した教育研究者である。孫さんは、韓国帰国後、釜山大学教授、国会政策秘書官（教育政策担当）を歴任した後、現在は、ハジャ・センターを拠点として「学びの共同体」の学校づくりを推進している。

彼女の改革へのしたたかな意志と傾注している精力的な活力は、私の意志の強さや注いでいるエネルギーよりも上回っている。実際、この10年間で協同した教師と訪問した学校の数、および主宰した学校改革のワークショップの数は私の活動量を超えている。今や、孫さんは韓国で教師たちや教育行政の関係者たちに最も信頼されている教育学者である。こういう教育研究者が私の研究室で育ったことは私自身の誇りであり、このように尊敬し信頼できる教育学者と、国境を超えて協同の仕事を進めることは至福の喜びでもある。

それにしても、孫さんの個人的な見識と力技に負っているとはいえ、韓国における「学びの共同体」づくりの改革の活力の高まりは著しい。私自身、この10年間、ほぼ毎年、ソウル市と釜山市を中心に「学びの共同体」のワークショップを開催してきたが、その参加者は年々増加し、２０１０年4月にソウル市、釜山市、光州市、昌原市で行ったワークショップには総数で２０００名近い教師たちが参加した。この広がりは行政と学界にも拡大した。２００６年には、盧武鉉（ノ・ムヒョン）大統領の教育革新委員会においてアメリカ教育学会会長エヴァ・ベーカー氏とともに政策提言の講演に招聘され、また同年、韓国教育学会の年次大会の基調講演にも招待された。以後、「学びの共同体」の学校改革は、教育部の国家政策と地方教育委員会の政策、さらには教員組合の学校政策として導入され、多くの教育ジャーナリスト、教育学者の関心を呼び起こすこととなった。孫さんによって私の著書４冊と多数の論文がハングルで出版されたことも普及の推進力となった。さらには、これら一連のワークショップと日韓の教師の交流において、私の研究室の博士課程の院生である申智媛（シン・ジオン）さんが完璧な同時通訳を行ってくれ、教育研究においても国際的に活躍してきたことが大きな推進力になっていることも付言しておきたい。

二、改革の背景

なぜ、韓国の教師たちは爆発的とも呼べる改革のエネルギーを「学びの共同体」の学校改革に傾注しているのだろうか。そして、韓国の教師たちはなぜ、これほどまでに「学びの共同体」のヴィジョンと哲学に学校改革の希望を託しているのだろうか。

この問いに一つのヒントを与えてくれるのが、８年ほど前に入手した一本のビデオ映画

ソウル市郊外にある「学びの共同体」パイロット・スクールの教室風景

である。韓国で教育関係者の間で最も話題を呼んだ作品だという。この映画を紹介してくれたのは、韓国を代表するフェミニズムの社会学者として日本でも著名なチョウ・ヘジョンさん（延世大学教授）。彼女はまた、前記ハジャ・センターを創設し、その所長として「小さな学校づくり」を国際的に展開し、「学びの共同体」づくりを推進する孫さんの最大の支援者でもある。私が韓国で最も親しくしてきた知識人の一人である。

この映画のインパクトは強烈である。50分のすべてが中学校の教室の1時間の授業風景である。しかも何の変哲もないありふれた授業風景である。特徴的なのはカメラの構成であり、正面から撮影した男性教師

（生徒の視線から見た教師）と教壇から見える50人の生徒たち、その二つのカメラの映像だけで50分が構成されている。何のストーリーも存在しない。ただ、二つのまなざしによる映像が綿々と連なっている。申さんの同時通訳を聴きながら、映像を見続けてゆくと、一方的に授業を行うこの教師が、その根底で生徒をまったく信頼せず、誰にも語りかけない言葉で授業を平然と行っていることがわかってくる。生徒たちも同様である。なぜか一つの生徒の机だけが空席なのだが、どの生徒も姿勢を正しくして授業を受け、指名されれば発言し、まじめにノートはとっている。しかし、どの生徒も教師に根深い不信感を抱いていることが読み取れる。教師に対してだけではない。生徒同士の関係においても誰も誰ともつながっておらず、一人ひとりが孤立し相互不信に陥っている。それが見えてくると、50分の何の特徴もストーリーもない授業の光景が、言葉では表せない息苦しい強烈なインパクトで視聴者をくぎ付けにし、重苦しさの虜にしてしまう。そして、映画の最後に、この授業の前日に、この教室の一人の生徒が自殺したことを知らされる。そのことに一言も触れない教師と生徒、何事もなかったように平然と授業が行われる学校、その抑圧のシステムの異常性と言葉と行為の空虚さを映画はどの方法よりも雄弁に描き出している。すごい映画である。

しかし、この映画が描き出した教室風景は決して異常な風景ではなく、誰もが体験している学校の日常的な風景である。日本でもそうだが、韓国の学校は、子どもたちと教師たちが共に学び合う空間ではなく、教師が一方的に教え伝達する空間であり、それに疑問を発したり逆らう子どもは容赦なく罰せられる空間であり、学び合う歓びよりも暗記とテストで過酷な競争を強いられる空間である。例えば、韓国の中学生は、学校で暴れたり教師に反抗すると軍隊に1か月入れられる。その恐怖のために、対教師の暴力や校内暴力は抑制されている。しかし、それだけに、権力的な教師への不信や反感は強い。また、高校生は毎日三つ弁当をもって通学する。受験準備のために朝7時から学校で勉強するときの弁当、通常の授業の合間に食べる弁当、それに通常の授業後に夜10時まで学校で行われる受験準備の補習授業のための弁当の三つである。驚くのは、補習授業は建前では生徒の自主的な選択によっているが、誰一人として参加しない生徒がいないことである。しかも、多くの高校生は夜10時から深夜1時までは街の塾に通っている。こういう異常な学校生活が、韓国では何十年も続けられてきた。

三、変わる学校文化

その韓国の学校に大きな改革のうねりが起こっている。まず、小学校と中学校の子どもたちに「学びからの逃走」が大規模に浸透し、高校においても一斉授業が成立しなくなっている。例えば、今も高校では補習授業は夜10時まで行っているし、どの高校生も参加しているが、その大半が机に突っ伏し、ほとんどの生徒が授業に参加していない。厳しい罰則や厳格なテストによる競争のために、どの生徒も教師に対して目立った暴力行為は行っていないが、それ以上に沈黙の中で抱いている学校や教師に対する不信感の根は深い。この現実に、多くの教師たちが危機感を抱き、多くの教師たちが学校教育の在り方を問い直して、授業と学びの様式を転換する必要性を痛感し、教育の「革新」に挑戦し始めている。そこに「学びの共同体」づくりの学校改革のヴィジョンと哲学が孫さんを中心に紹介されたのである。

学校の改革は、何かの処方箋で達成できるものでもなければ、何かの方式を模倣し導入することで実現できるものでもない。それはヴィジョンであり哲学であり、日々の創造的実践の長期にわたる地道な蓄積によってでしか、達成することはできない。学校改革の実現には伝統の継承が必要であり、細部にまで配慮できる確かな見識と失敗を繰り返せる不屈の勇気と明日の教育への希望が必要である。そのすべてを教師たちが備えているとは言い切れない。

日本の「学びの共同体」の学校改革のパイロット・スクール（つくば市並木小学校、富士市元吉原中学校、富士市田子浦中学校など）を訪問した韓国の教師たちは、これらの学校の授業の質と学びの質の高さと同僚性によって専門家として育ち合う教師たちの姿を直接観察し、湧き立つような感動を私に伝えていた。と同時に、これらの訪問者たちは、韓国の学校文化と教育行政が抱えている深い闇や改革の困難についても率直に伝えていた。私は、それらの声を受け止めながら、韓国に芽生えつつある改革の息吹を信頼できることを確信していた。

学校改革の挑戦においては、成功の経験以上に失敗の経験が重要である。無数の失敗から学んだ者のみが改革を成功させることができる。韓国の複雑で困難な教育の歴史と教師たちの不屈で創意的な経験は、挫折と失敗の連鎖によって希望の道を開く道筋を示してくれるに違いない。今、韓国では、モノと対話し、他者と対話し、自己と対話し続ける学びの三位一体の哲学が、教室を変革し、学校文化を変革しつつある。

韓国における「学びの共同体」
——改革の源流

一、「革新学校」の胎動

２０１１年６月２日から３日、韓国の京畿道教育委員会の主催する「学校革新の国際会議」において基調報告を行った。この国際会議の主要なテーマは「革新（innovation）」と「創造性（creativity）」である。ソウル市を取り囲む地域である京畿道は、人口においても経済力においても韓国最大規模の地域（道市）であり、政治や教育においても主導的な役割を担っている。２０１０年、この京畿道において「最初の革新的教育長」と呼ばれるキム教育長が選出されて以来、韓国全土の13の道と市のうちの６の道と市で「革新的教育長」が選出され、この６人の教育長が「教育革新」の連帯を形成して、保守政権に対抗する民主的教育改革の運動を推進している。６人の革新的教育長が選出された地域はいずれも人口の多い地域であり学校数と児童・生徒数は韓国全体の８割近くに達している。

国際会議に招聘された海外の研究者や行政官の国々は、日本、フランス、スウェーデン、フィンランド、アメリカである。フランスからはフレネ教育の研究者、スウェーデンとフィンランドとアメリカは社会民主主義による学校改革の政策研究者と教育行政官などであり、いずれの報告においても「民主主義」の政治学にもとづいて「学校革新」と「創造性」の教育改革の展望が、韓国の「教育革新」を推進する教師、研究者、行政官との交流によって探索された。参加者は約６００人、ほとんどが「革新学校」（改革の拠点校）の教師たちである。

オープニングの基調講演でキム教育長は、「革新的教育長」が選挙で選出されたこと自体が韓国の教育史において「歴史的事件」であり、教育を民主化する新たな胎動の始まりであることを強調した。事実、キム教育長を中心に京畿道教育委員会の提示した学校改革のヴィジョンと政策は、日本の戦後民主主義教育の爆発的エネルギーを彷彿させる力強さにあふれている。日本の戦後民主主義教育と異なるのは、そのヴィジョンと政策がグローバリゼーションを背景として「21世紀の学校へ」という先進性と革新性を明確にしていることである。

京畿道のキム教育長をはじめ６人の革新的教育長たちは、それぞれの道と市の教育委員会を基盤として、保守政権に対抗する学校改革を推進している。その中心が「革新学校」を拠点校として設置し、そのネットワークによって地域の学校全体の改革を推進する方式である。この「革新学校（改革拠点校）」のネットワークによる学校改革は、5年前、盧武鉉（ノ・ムヒョン）大統領の招聘によって教育諮問委員会において私が提案した「学校改革ネットワーク」の方式であり、その提案が6人の革新的教育長の連帯によって実現したのが喜ばしい。

「革新学校」のネットワークは、最初は7校からスタートし、現在は120校まで拡大している。2年後には全国に400校以上の「革新学校」が誕生する予定である。「革新学校」は、それぞれの学校が改革のヴィジョンと政策を提示し、採用した改革案を道の教育委員会が財政的に支援する仕方でネットワークを形成している。下からの草の根の学校改革と上からの政策的支援とを結合したところに「革新学校」による改革の特徴が示されている。

二、「学びの共同体」の学校の広がり

現在、120の「革新学校」の半数以上が「学びの共同体」の学校改革を推進している。この広範な広がりは一朝一夕で生まれたものではない。東京大学の大学院で私の指導院生

として教育学博士の学位を取得し、新羅大学の准教授、釜山大学の教授を務めた後、政府の政策秘書官も経験した孫于正（ソン・ウジョン）さんは、かれこれ15年近く「学びの共同体」の学校改革を韓国に導入し定着する挑戦を続けてきた。その挑戦に最初に協力したのは「代案学校」と呼ばれる私立学校（フリー・スクール）の教師たちであった。不屈の意志で粘り強く挑戦を繰り返す孫さんの努力によって、代表的な「代案学校」であるソウル市近郊のイーウー学校が「学びの共同体」の最初のパイロット・スクールとして結実し、同校の公開研究会によって他の「代案学校」だけでなく、公立学校においても「学びの共同体」の学校が次第に広がっていった。

孫さんは、パイロット・スクールづくりと並行して、毎年100人の教師と校長を連れて日本の「学びの共同体」のパイロット・スクールを訪問するツアーを10年近く続けてきた。この訪問ツアーによって生まれた教師や校長のネットワークが学校改革のマグマのようなエネルギーを蓄積してきたのである。

それにしても孫さんの民主主義への静かな意志と学校改革の不屈のエネルギーはすさまじいものがある。彼女は、毎年250校近くの学校を訪問して教師たちの授業改革と学校改革の挑戦を支えてきた。韓国において、彼女ほど教師たちに信頼され尊敬されている教育学者はいない。かつての師として、そして現在の同志として誇りに思うし、頼もしい限

チャンゴク中学校の授業風景

りである。

　孫さんと孫さんの後輩として私の研究室で学んでいる博士課程の院生であり完璧なバイリンガルの通訳者でもある申智媛（シン・ジオン）さんとともに、京畿道の代表的な「学びの共同体」の「革新学校」の一つ、チャンゴク中学校を訪問した。

　チャンゴク中学校は、かつては問題行動の多い困難校として知られ、低学力に悩む学校であった。その同校が「学びの共同体」を導入することによって問題行動は激減し、学力水準も急激に向上するという奇跡的な成功を達成したという。同校は「韓国の岳陽中学校（日本の「学びの共同体」の最初のパイロット・スクール）」として一躍有名になり、韓国全土に「学びの共同体」

の「革新学校」を爆発的に普及する拠点校となった。

さっそく各教室を訪問して授業を参観する。どの教室においても男女混合の4人の小グループの協同的な学びが効果的に導入され、一人残らず学びに参加している。まだ「学びの共同体」の改革が本格的に着手されて1年余りということもあって、高いレベルの学び（ジャンプの学び）のデザインにおいてはさらに研究する必要があるものの、生徒同士の学び合いは素晴らしく、しかも学びの質の追求も洗練されていた。誰もが真摯に学ぶ教室の生徒の姿にも感銘を受けたが、それ以上に教師たちの誠実な授業づくりと同僚性の素晴らしさに感動した。

韓国の「学びの共同体」に取り組んでいる多くの学校に共通していることだが、中堅のもの静かな女性教師たちの授業は卓越している。彼女らの優秀さを存分に引き出せていることが、韓国における「学びの共同体」の「奇跡的成功」の秘密と言ってよいのではないだろうか。

三、改革の希望

2か月後の8月15日から17日、再び、韓国を訪問した。2010年から始めた「学びの共同体」の授業改革と学校改革の夏のセミナー「第2回学びの共同体アクションリサーチ研究会」に参加するためである。第1回の研究会には約500名もの教師が参加し爆発的なエネルギーに圧倒されたが、今回の盛り上がりはそれ以上で、参加申し込みの受付を開始してわずか3日で申込者は1000名近くに達し受付を終了した。

今年の研究会はもう一つ大きな前進があった。ソウル市で新たに選出されたクァク教育長（教育監）が「学びの共同体」を政策にすることを宣言し、研究会の会場を提供してくれただけでなく、オープニングの挨拶と研究会への参加を確約してくれた。ソウル市の教育長は日本で言えば文部科学大臣と同等の象徴的意味をもつ存在である。彼の支援の意味は大きい。

研究会の前日、クァク教育長の晩餐会に招待された。彼の前職はソウル大学の法学部教授である。「学びは子どもの人権の中心」と熱っぽく語り「民主主義社会の実現こそが公教育の使命」であるという。「教育改革のモデルはフィンランド、北欧型の社会民主主義と平等の哲学が教育の基本」というのが、彼の教育長としてのポリシーである。ソウル大学の教授職を辞して教育長になる決断をした理由を尋ねると、ソウル市内の中学校を訪問して、どの教室でも3分の1近くの生徒が机に突っ伏している姿を見て「これは改革をしなければならない」と決断したという。教育長の選挙に勝利した直後、韓国版の私の著書

2冊を読み、「抱きかかえて夜も眠れず、翌朝500冊を購入して教育委員会のメンバーに配った」という。ありがたい限りである。

研究会には、韓国全土から貸し切りバスで続々と教師たちが参加してきた。多くは「革新的教育長」の支援を受けている「革新学校」の教師たちである。いったい韓国全土で何百校が「学びの共同体」の授業改革と学校改革を実践しているのだろうか。参加した教師たちは口々に「これは歴史的事件だ」と語る。数年前にこの状況を誰が予測しただろうか。確かに、これは韓国の教育史上の歴史的事件である。孫于正さんの偉業には圧倒される。

午前のクァク教育長のスピーチと私の講演に続いて、午後は小学校、中学校、高校の15の分科会においてビデオ記録による授業の研究協議会がもたれ、そのあと全体会で京畿道の「学びの共同体」のもう一つの代表的な「革新学校」、ホンジョク中学校1年の数学の授業（一次方程式の導入）のビデオ記録の視聴と批評が行われた。この授業事例も卓越した実践であった。「革新学校」による授業改革は着実に韓国の教育の未来を開いている。

補注・ソウル市のクァク教育長は、この直後、不正選挙の罪で辞職した。改革は右余曲折がつきものである。

アジア諸国における改革の波動

一、改革の広がり

これまで中国と韓国における「学びの共同体」を標榜する改革の潮流を紹介してきたが、同様の改革の波は他のアジア諸国でも急速に高まっている。

例えば、5年ほど前からJICA（国際協力機構）の事業の一環としてインドネシアとベトナムの校長、教師、教師教育者（大学教員）、教育行政関係者を対象とする研修のワークショップに協力してきた。いずれの国も毎年20名から30名程度の教育改革の指導者が2週間ほど日本に滞在して、「学びの共同体」づくりを推進しているパイロット・スクールをいくつか参観し、私をはじめ日本の学校改革の推進者とワークショップを行う企画である。すでにインドネシアからの来訪者は100名を超え、ベトナムからの来訪者は50名以上を数えている。

この訪日ツアーは、インドネシアとベトナムにおける「学びの共同体」のパイロット・スクールづくりとその政策づくりの恒常的事業の一つである。ＪＩＣＡのこの事業を中心的に支えてきたのが、私の研究室で客員研究員を務めた経歴をもつ教育の国際開発を専門とする斎藤英介さん（シンガポール国立教育研究所准教授）とＪＩＣＡの津久井純さん、および5年前に私が客員教授を務めたハーバード大学の院生だった滝本葉子さんである。この三人の精力的活動がなければ、インドネシアとベトナムに「学びの共同体」づくりの学校改革がこれほど普及することはなかっただろう。さらに、インドネシアには、「学びの共同体」づくりのパイオニアであり中核的スーパーバイザーである佐藤雅彦さん（元・岳陽中学校長）が、毎年1か月近く現地に滞在して各地の改革を直接的に支援してきた。

そして現在、インドネシアの改革は新しい局面に立っている。インドネシア政府は「学びの共同体」づくりの学校改革を国家政策とし、この改革のリーダー（スーパーバイザーと校長）を養成するワークショップを毎年10回開いて、毎年４０００人のリーダーを生み出す事業が２０１０年から開始されている。この一大事業に対しては斎藤さんも津久井さんも懐疑的である。インドネシアの教育関係者の間で「学びの共同体」づくりへの関心は高まってきたとはいえ、各地域で改革を推進できるほどの安定したパイロット・スクールは数校しかない。今は一つでも多くの確かなパイロット・スクールを建設することに全力を傾注すべきではないか、というのが斎藤さんと津久井さんの意見である。

他方、ベトナムにおける「学びの共同体」づくりの改革も、インドネシアほどではないものの新しい段階を迎えつつある。昨年9月、ハノイ教育大学において斎藤さんが企画した授業研究の国際シンポジウムが開催され、日本から佐藤さんと村瀬さん（麻布教育研究所）、シンガポールから国立教育研究所のクリスティン・リー教授、韓国から孫于正（ソン・ウジョン）さんが招かれ、ベトナムにおける「学びの共同体」の学校改革の可能性について熱心に議論された。シンポジウム後、ハノイ教育大学附属学校を「学びの共同体」のパイロット・スクールとすることが決定されたという。

韓国、中国、インドネシア、ベトナムなどアジア諸国の「学びの共同体」の学校改革は、教育省レベル、州レベル、市レベルにおける政策化と現場におけるパイロット・スクールの創設という二つのベクトルで進行している。シンガポールにおいても、国立教育研究所教育実践開発センターを中心に「学びの共同体」への関心が強まり、同研究所の附属学校がパイロット・スクールとして改革されることとなった。シンガポール国立教育研究所は教員養成と教育研究と現職研修を一手に担う唯一の機関であり、その附属学校が「学びの共同体」のパイロット・スクールとして改革されることは国家政策と同等の意味をもつ。

このシンガポールの新たな動きに加えて、２００９年アメリカ教育学会の年次大会でジュディス・リトル（同僚性研究の第一人者であり、近年は香港の教育政策に深く関与しているカリフォルニア大学教授）から聞いたところでは香港においても、私の提唱する「学びの共同体」の学校改革が国家レベルで政策化されつつあるという。シンガポールや香港での数年間における改革の顕著な波及は、率直に言って私の予期していなかった出来事である。

二、民主主義の発展

いったい、なぜアジア諸国において、これほどまでに「学びの共同体」の学校づくりが教師や教育学者や教育行政関係者の関心を呼び起こし、学校改革のエネルギーを生み出しているのだろうか。ほとばしるような改革の波動を肌で感じて驚いている私にとって、この問いに答えるのは容易ではない。しかし、次の二つのことは確認してよいと思う。

学校改革の底流にあるのは民主主義の発展である。そのことを痛感したのは、２００９年、韓国・光州市の教育委員会と教員組合との共催の講演を行ったときである。光州市は「協同的な学び」を韓国国内で最も精力的に研究し実践している地域である。当然「学び

インドネシア「学びの共同体」パイロット・スクールの教室

の共同体」づくりの学校改革への関心も高く、講演会の参加者の大半が私の著書を2冊以上も読んでおり、改革の実践者も多かった。

光州市は市民・学生と軍隊とが激しく衝突して多数の死者を出した光州事件（1980年）が起こった都市であり、「韓国民主化の聖地」といわれている。講演に先立って、私も光州事件記念館を訪問し、特別なはからいで犠牲者への鎮魂の儀式を行うことができた。その光州市の教師たちに「学びの共同体」づくりの学校改革は熱狂的なほど支持されている。そして、この都市で「学びの共同体」づくりを中心的に推進している教師たちの多くは、光州事件を闘った経験を有していたり、親戚や家族に犠牲者をもっていたり、光州事件の記録に精魂を傾けてきた教師であったり、あるいは光州事件に端を発するその後の民主化運動の参加者であった。

若い世代の人々には実感がわかないだろうが、私の学生時代は、アジアの国々のほぼすべてが軍部によって支配されたファシズム国家であり、あるいは、全体主義的な社会主義国家であった（アジア諸国だけではなく、中南米諸国も大半が軍事国家であった）。しかし現在、全体主義的な軍事国家は世界全体を見渡しても北朝鮮とアフリカの一部の国などに限られている。この40年間に世界は大きく様変わりした。

アジア地域における民主主義の発展は、第2次大戦後の日本において先鞭がつけられたものの、大半の国々では民主主義の導入も発展も抑圧され続け、日本の植民地支配からは独立したものの軍事独裁体制が支配してきた。

そのアジア諸国の民主化は二つの波によって進展する。一つ目の波は1980年代における民主化であり、韓国の光州事件はその発火点の象徴である。韓国と同様、1980年代に台湾もフィリピンもシンガポールも軍事政権を崩壊させて民主主義国家を建設し、中国も文化大革命の失敗を清算して改革開放政策へと踏み切った。もう一つの波は1990年代であり、カンボジアにおけるポル・ポト政権の崩壊、インドネシアにおけるスハルト政権の崩壊によって、北朝鮮やミャンマーなどの一部の国を除いてアジア地域全体の民主化は一挙に進行した。こうしてアジア諸国の社会と文化は、この30年間の「民主主義革命」によって様変わりしている。学校教育も例外ではない。「学びの共同体」づくりの学校改革は、一人ひとりが主人公となり学び合う協同社会を建設する教育の「民主主義革命」にヴィジョンと哲学を提供し、爆発的とも言える改革の意志と情熱を呼び起こしたのである。

もう一つは知識基盤社会への対応である。一口にアジア諸国といっても、その特徴は多様性にある。言語、歴史、文化、経済、政治は著しく多様である。しかし、アジア地域は世界のどの地域よりも経済発展が著しい地域であり、途上国も含めて産業主義社会からポスト産業主義社会への移行が急速に進行している。旧態依然とした学校教育のスタイルが通用する時代ではない。社会全体の急激な変化への対応をどの国も求められている。その改革（21世紀型の学校づくり）のヴィジョンと哲学の一つとして「学びの共同体」づくりが受容されているのである。

三、改革のジレンマ

したがって、アジア諸国における「学びの共同体」づくりの学校改革が、今後、いっそう拡大することは必至であろう。しかし、そのことはこの改革が順風満帆で進行することを意味してはいない。事実、インドネシアの事例にみるように、国家政策で毎年4000人ものスーパーバイザーを育成するトップダウン方式が成功するとは思えない。

しかし改革を「ボトムアップ」に特化するのも同様に誤りである。「上からか下からか」という二項対立的な思考の枠組みを超えて、「上からも下からも」という新しい思考によって改革を推進することが必要である。アジア諸国では今も「教師中心か子ども中心か」という二項対立が支配的であるが、これも「教師中心も子ども中心も」共に追求するスタイルを創造する必要がある。

さらに東アジア諸国においては、かつては急速な近代化と産業主義化を推進するために、学校教育を立身出世主義の競争の教育として普及させ、受験競争とテスト主義の弊害を生み出してきた。この悪しき学校文化の伝統は、そう容易に克服できるものではない。「学びの共同体」づくりの学校改革が幅広い教師たちの支持を得ているのは、おそらく「受験学力」「競争主義の教育」「テスト主義の授業と学び」を変革する展望を具体的な実践の方略として提示しているからだろう。ともあれ、アジア諸国の学校改革はこれらのジレンマとの格闘によって明日の教育を切り開くことができる。他国の改革事例から学ぶことは限りなく多い。

授業研究の国際化の活況

一、世界授業研究学会の開催

２０１１年11月25日から28日、世界授業研究学会（World Association of Lesson Studies）の国際大会が東京大学において開催された。３月11日以後の福島原発事故による放射能の危機により、一時は海外のすべての国の支援が見送られたため、開催自体が危ぶまれたが、16か国から４００名以上の参加者が集い、熱心に研究と実践を交流した。私は大会の実行委員長を務めたのだが、今年度の大会はどの年度にも増して熱心でしかも友好的かつ高度の議論が展開されるものとなった。

日本の「授業研究（lesson study）」が世界の関心を集めてから12年が経過した。大会の基調講演でクリスティン・リー（世界授業研究学会会長、シンガポール国立教育研究所）

が世界各国への爆発的な普及について報告したように、今や「授業研究」は、子どもの学びの質を高め、専門家としての教師の発達を促進する最も有効な方法として世界に認知されている。この気運を背景にして、大会では「オープン・フォーラム」として「日本の文脈における授業研究」を特別企画として設定し、日本の授業研究を世界に広めた第一人者であるキャサリン・ルイス（アメリカ）、的場正美（名古屋大学）、秋田喜代美（東京大学）、それに私が、それぞれ、アメリカにおける日本の授業研究の導入の実態、授業分析の記録の方法、日本の研究論文における授業研究の特徴、そして日本の授業研究の歴史と現在について報告した。

それにしても、なぜ、これほどまでに授業研究は世界各国で一気に活況を呈するものとなったのだろうか。もはや授業研究を導入していない国を探す方が困難である。これほどの国際的な活況の背景は複雑である。

その背景の一つは、冷戦構造の崩壊（１９８９年）以降のグローバリゼーションの進行により、どの国においても教育の「質（quality）」の向上と「平等（equality）」の実現が必須の課題となり、教師教育の高度化と教職の専門職化が教育改革の中心に浮上したことがある。もはや先進諸国においては教師教育は大学院レベルで実施されており、途上国においても大学院レベルへの高度化が進行している。この教師教育改革において、授業研究は、

世界授業研究学会の風景

養成教育においても現職教育においても、教師の実践的な知識と能力を開発する最も有効な方法として注目を集めたのである。

二つ目の背景はグローバリズムによる国際的な教育競争の激化にある。PISAやTIMSSの国際学力調査の影響に見られるように、今や教育は経済と同様、国際競争のただ中におかれている。21世紀は、良くも悪くも「教育の時代」なのである。このことは、世界で最も経済競争が激しいアジア諸国（シンガポール、香港、韓国、インドネシア、マレーシア、中国、ベトナム）や北欧諸国において授業研究が活発に導入されていることに見ることができる。これらの国々は、新しい時代の経済競争から脱落しないために、一斉授業の暗記や詰め込みや受験学力という旧教育の弊害から脱出することが求められており、授業研究によって創造的で探究的な思考や協同的学びを追求する「質の高い」授業への改革を必要としている。授業研究による新しい学びの創造は、この要請に直接的に応える有効な戦略となっている。

そのことは、特にシンガポールや中国やインドネシアやマレーシアにおいて、授業研究と授業改革が国家の教育政策の中心になっていることからもうかがうことができる。

二、多くの障害を越えて

授業研究の国際化を推進したもう一つの背景として、子どもの学習権の保障と教師の専門家としての自律性の形成を求める民主主義の発展がある。

グローバリズムの進展はテクノロジーと金による世界支配を促進し、各国において貧富の格差の拡大、学びからの疎外を深刻化し、子どもの学習権と教師の専門職性を危機に陥れる一方で、ファシズムや全体主義の政治勢力が衰退し、平和と人権と平等を希求する民主主義勢力の成長も促している。この相互に対立する二つの変化の同時進行は、多くの国々で授業研究が経済競争のための国家政策として導入される一方で、現実には、子どもの学習権の保障と教師の自律性を求める教師と研究者たちによって授業研究が活発に推進されている実態に見ることができる。グローバルに見れば、授業研究は、経済競争に従属する国家政策と民主主義を希求する教師たちの実践とが争闘するアリーナ（競技場）を構成していると言えよう。

その意味で、世界授業研究学会の大会において、授業研究を推進するうえで数々の困難とジレンマが語られていたことも興味深かった。１００年以上の授業研究の歴史を有する日本とは異なり、初めて授業研究を導入する国々では、数々の障害が横たわっている。かつてアメリカ教育学会の大会において会長招待の基調講演を行った際、日本において教師たちが自分の教室を自習にして同僚の教室を参観することを報告すると、参加者たちから一斉に自習という状態はアメリカでは不可能であると指摘されたことがある。確かに、そうである。アメリカの教室で子どもたちが自習する状況は思い描くのも難しい。このことが示すように、授業研究による校内研修が一般化している日本とは異なり、初めて授業研究を導入する国々の困難は大きい。

シンガポールでは、今や90％の学校が授業研究を校内研修として導入しているが、数年前からトップダウンで導入したため、教師たちがその必要性を深く理解して遂行しているとは言いがたい。そのため、その有効性を学力テストの成績の向上に直結させてしまいがちであるという。韓国では、授業の観察において同僚たちが「評価表」をもって授業を観察する慣行が続いたため、多くの教師は授業の公開を好まず、観察においても評価が先行する見方を脱しきれないという。アメリカなどの欧米諸国では、学校内で教師が協同する機会が乏しいため、ほとんどの教師が学校内で孤立しており、教室を開いて同僚性を築くことが困難であると言われている。

中国、韓国、台湾などの東アジアの国々では、受験体制の圧力が強いため、教師自身にとっても「質の高い学び」のイメージがわきにくく、創造的思考や批判的思考や探究的思考による学びに対する生徒や親たちの理解を形成するのが困難であるという。さらにどの国においても、教師の授業研究を支援する大学の研究者や行政の指導者の数が圧倒的に不足しており、授業研究を創発し促進する研究のパートナーシップとネットワークの形成が急務であることが指摘された。

これらの困難が山積しているにもかかわらず、私にとって驚きなのは、どの国においても燃えるような情熱によって授業研究が着実に根をおろしつつあることである。確かに、これ以外に、一人ひとりの子どもの学びの質を高め、教師の専門家としての成長を推進し、教師の自律性を確立して学校を民主化する有効な方法はないのである。

三、真正の学び(authentic learning)の創造を求めて

大会では、近年の国際的普及を反映して、「学びの共同体」の学校改革の国際的な経験を交流するラウンド・テーブルも開かれた。このラウンド・テーブルにおいて、私はこれからの課題の第一として「真正の学び」を提示したのだが、同席したリー会長も大会の閉会の挨拶でそれを踏襲し「真正の学び」を授業研究の中核として強調していた。この点で、開会式のユーリア・エンゲストローム(ヘルシンキ大学)の基調講演は正鵠を得たものであった。エンゲストロームは、近年の学習研究が「対話主義」に陥っている点を批判し、学習においては「対象(object)」との関係が第一義的であると述べていた。

旧友であり畏友であるエンゲストロームの「対話主義(dialogism)」の批判は、まったくそのとおりである。「さすが、エンゲストローム」と感嘆した次第である。日本の文脈に即して言えば、近年、ほとんどの学校が授業研究のテーマとして「学び合い」を掲げているが、残念なことに、それらのほとんどは「話し合い」に傾斜していて「学び」が成立していない。エンゲストロームは、「対象の喪失(missing object)」とこの事態を表現していた。

「対象の喪失」による「対話主義」の学びとは、教科内容を喪失した学びであり、テキストとの対話を喪失した話し合いであり、「話し合い」を「学び合い」と混同した学びである。「対話主義」への傾斜の背景には、エンゲストロームが指摘したように、コンピュータ空間の支配による知識の「使用価値」に対する「交換価値」の優越性がある。知識が商品化され、コミュニケーションが情報化することによって「対話主義」が教育現場に浸透したというのである。『資本論』の商品概念を援用した鋭い分析は、エンゲストロームの真骨頂と言えよう。この鋭い指摘は「協同的学び」を追求する者すべてが共有すべきである。「協同的学び」を「対話主義」（話し合い）に陥らせないためにも、私たちは教科の本質に即した「真正の学び」を実現する方途をもっと精緻に研究する必要がある。

大会の最終日には、神奈川県茅ケ崎市浜之郷小学校、東京大学教育学部附属中等学校、筑波大学附属小学校への学校訪問を企画した。この学校訪問は、オプションであるにもかかわらず、大会参加者の約半数の２００名が参加した。これらの人々は、日本の学校の授業風景と授業研究の風景を観察し、何を感じ何を学び取ったのだろうか。来年のシンガポールでの大会においては、ぜひ、この点を聞いてみたいと思う。

第3部

一人残らず学ぶ権利を実現する授業の改革

変貌する教室
——世界の中の日本

一、革新性の起源

日本の教室においても、欧米の教室と同様、静かな革命が進行しつつある。その特徴は、学びの改革の革新的伝統と一斉授業の保守的後進性という矛盾する二つの性格で表現することができる。この革新性と後進性という矛盾する二つのアスペクトの併存によって、日本の教室の改革は欧米の教室の改革ともアジア諸国の教室の改革とも異なる様相を生み出している。

日本の教室の革新性は大正自由教育の子ども中心主義の私立実験学校において創始され、昭和初期に全国の師範学校附属小学校を中心に公立学校にも普及した。２０１ページの写真をご覧いただきたい。この写真は大正自由教育の代表的な私立実験学校である成城小学校の当時の教室風景である。男女混合4人のグループ学習が行われている。もっとも大正自由教育のグループ学習がすべて男女混合4人で行われたわけではなく、明石師範学校附属小学校の及川平治の分団式動的教育法のように効率性を追求した能力別の編成においては、6人を標準とするグループ学習も実施されていた。

しかし、私が全国各地の学校を訪問した際に見聞した教室写真の史料を見る限り、公立学校に普及したグループ学習は、成城小学校の写真に見られるように男女混合4人のスタイルが多い。しかも、男女混合4人のグループ学習は、昭和初期には相当数の公立学校に普及していたことが知られる。

教室の「コの字」型の机の配置も、大正自由教育において創始され、昭和初期に全国の学校に普及した。どの程度の学校が「コの字」型の教室に移行したのかを示す数量的なデータは存在していないが、これも私自身がこれまで全国の学校を訪問した際に折に触れて見聞してきた教室写真の史料を見た限りで言えば、男女混合4人グループと同様、昭和初期には相当数の学校が「コの字」型の教室を採用していたと推察できる。この教室改革の革新性は、当時においては国際的にトップレベルである。

その革新性の要因はいろいろ挙げることができるが、欧米の一斉授業の教室が教会をイデアル・タイプ（理念型）としていたのに対して、日本の一斉授業は教会の説教のスタイルのような規範の型をもっていなかったこと、そして、寺子屋や藩校はグループ学習や「コの字」型の配置で教室が構成されており、その伝統が学びを中心とする授業においては自然であったことなどが挙げられよう。

新教育の運動は１９１０年代から１９３０年代において国際的な学校改革運動であり、子ども中心、活動中心の協同学習やプロジェクト学習が欧米諸国を中心に世界各国で活発に展開した。しかし、日本の大正自由教育ほど一般の公立学校に広く新教育のスタイルが普及した国は、他に例を見ないのではないだろうか。

二、後進性の持続

日本の教室の革新性が花開いたのは戦後新教育の時期である。その象徴は「カリキュラムづくり」と「単元学習」にある。戦後新教育が最盛期を迎えた１９５０年に国立教育研究所と東大カリキュラム調査委員会が実施した全国調査の結果を見ると、小学校、中学校の教師の約８割が「学校独自のカリキュラムづくり」を推進し、「単元学習」の実践を展開していた。この事実は驚異的と言ってよいだろう。

戦後の新教育は１９４７年から１９５５年ごろまでの短期間で衰退したとはいえ、これほど多くの教師たちが新教育の実践に挑戦した国は日本以外に存在しない。この当時、ヨーロッパ諸国の学校は大半が一斉授業の伝統的様式を一歩も抜け出していなかったし、アメリカの学校の大半はボルトで固定された机に生徒が一方向に座り、教師は黒板とチョークと教科書だけを使い、鞭をもって授業を行っていた。日本の小学校、中学校において一般化していたグループ学習も「コの字」型で子どもが互いに向き合う教室の配置も、欧米諸国の一般の学校において普及するのは1970年代以降である。

しかし、日本の教室は革新性だけで特徴づけられるわけではない。それとはまったく対照的に、日本の教室は後進性においても特徴的である。その最たるものは高校の授業風景であろう。高校教育の対象者がトップエリートの子どもからすべての子どもへと変化し、学校を取り巻く社会と文化がこれほど変化したにもかかわらず、高校の授業風景は100年以上にわたって変化しないまま今日を迎えている。今や、日本の高校のような一斉授業は、アフリカ諸国や東南アジア諸国やイスラム圏など、途上国でしか見られない風景であるにもかかわらず、その変化の兆しは微々たるものと言ってよいだろう。この後進性も日本の教室の特徴の一つである。

日本の教室の後進性は高校だけでなく、小学校、中学校にも見られる。例えば小学校低学年の読みの授業の斉読はその典型であるし、中学校の教室の多数が今なお一斉授業のスタイルで行われていること、さらには小学校でも中学校でもテストによる評価が支配的であることも、日本の教室の後進性の証と言えよう。先にも記したように、教師が黒板を使い、教科書を中心に説明と発問と指名で子どもの応答を組織する一斉授業の様式は、途上国以外の国々では博物館に入っている。その事実を参照すると、日本の教室は輝かしい革新的伝統を有しながら、一斉授業という後進性の枠組みに縛られているのが現状である。

三、革新の伏流

日本の学校教育の革新的伝統をもう一つ指摘しておこう。教師のインフォーマルな専門家文化の伝統である。この伝統は、授業研究による専門性の開発を推進する校内研修と教師たちによる雑誌や書籍の執筆と出版において表現されている。

海外旅行の折にでも欧米諸国の書店の教育書の棚をご覧いただきたい。教育書の大半は教育学者や教育批評家の著書であり、教師によって執筆された書籍や雑誌は皆無に等しい。それに対して日本では教育関係の雑誌や書籍の半数以上が教師たちによって執筆され、教育雑誌と教育書という出版メディアを媒介として教師の専門家文化が形成されてきた。

授業研究による専門家文化の伝統も明らかである。校内で同僚同士が授業を参観し合い、

成城小学校（大正期）の教室風景

授業の批評をとおして相互に授業の専門家としての技量を高め合う研究授業のスタイルは、明治時代から実施され、大正自由教育と戦後新教育において授業改革の最も有効な方式へと改造され、今日も小学校、中学校のほとんどが年間3回以上の研究授業による校内研修を行っている。

近年、校内研修における授業研究は「レッスン・スタディ」と呼ばれ、世界各国の学校改革と教師教育改革に導入されてきた。欧米諸国の学校において、校内で授業実践を参観し合い事例研究によって教師の専門職性を高める取り組みは、1910年代以降、新教育を推進してきた一部の実験学校においては実施されてきたものの、一般の学校においては行われてこなかった。

その転機を生み出したのが、1980年代半ば以降、欧米諸国において教育改革の中心となった教職の専門職化を推進する研究と実践であった。医師や弁護士の専門家教育の中心が事例研究（臨床研究や判例研究）に求められてきたのと同様、教師の専門家教育の中心も事例研究（授業研究）に求められ、その先進的な取り組みとして日本の「レッスン・スタディ」に熱いまなざしが注がれたのである。

しかし、この校内研修の「レッスン・スタディ」（授業研究）という革新的伝統も、今では日本の学校の後進性を表現しつつある。国際学力テストTIMSSの最近の調査結果を見ると、かつて日本のお家芸であった「レッスン・スタディ」は、今や欧米諸国やアジア諸国において日本以上に熱心に取り組まれている。小学校の「レッスン・スタディ」の1年の開催数は国際的に上位にあるが、中学校の「レッスン・スタディ」の開催数は国際比較で平均以下である。この調査は高校を対象にしてはいないが、日本の高校では校内研修で授業研究を行うことは稀であるから、高校の「レッスン・スタディ」の開催数は、国際的に最下位にランクされることは間違いないだろう。

実際、私自身がこれまで海外の学校を訪問し観察した経験から言って、欧米諸国においては小学校よりも中学校、中学校よりも高校において授業改革が熱心に取り組まれており、小グループの協同的な学びもプロジェクト型のカリキュラムも、小学校よりむしろ中学校や高校において積極的に実施されている。

「レッスン・スタディ」においても、日本の学校と教師が革新性と後進性を併せ持っていることは興味深い。本章で述べてきた日本の教室の革新性と後進性の併存という特徴は、教室の風景の中にいくらでも見いだすことができる。「コの字」型の教室も、その一つと言ってよいかもしれない。「コの字」型の教室という日本人にはなじみの深い教室も欧米の学校ではあまり見られない風景である。欧米の学校はゼミナールの教室配置か、小グループの教室配置かのいずれかであって、どうしても皆で話し合う必要が生じたときは教室の前に座って円座を組む。「コの字」型の配置はとらないのが一般的である。

私は、「コの字」型の教室は、40人もの子どもを教室で抱えて学び合いの授業を追求してきた日本の教師の創意的な発明品であると評価している。革新性と後進性の併存の現実との格闘が、教室の現在から未来への道を準備してきたのである。

もの言わぬ子どもたちと
もの言えぬ学校と教師

一、現実の解体

子どもの貧困率が17%というショッキングなニュースが報道されたのは数年前である。OECDが2005年に実施した調査結果であり、日本は相対貧困率の高さにおいてアメリカに匹敵しOECD加盟30カ国の中で5番目であった。グローバリゼーションは日本のような先進国の内側に「第三世界」を生み出している。なかでも都市部の貧困率の高さは深刻である。大阪府は要保護と準要保護の児童生徒の割合が30%を超え、東京都は30%に接近している。これも貧困問題が深刻なニューヨーク並みである。日本の貧困の一つの特徴はそれが見えない（invisible）ところにある。欧米の場合、学校を訪問し教室を参観するだけで、どの子が貧困でどの子が裕福であるかは一目瞭然であるが、日本ではその識別は容易ではない。日本の子どもの貧困は現れにおいても隠されている。

かつて日本は貧富の格差の少ない国の一つとして知られていた。しかし、今では世界有数の貧困率の高い国になっている。しかも日本では階級差や性差に加え、世代間格差と地域間格差が大きい。貧困率と並んで離婚率も急激に上昇した。かつて日本はイタリアと並んで世界で最も離婚率の低い国の一つであった。しかし、現在の日本はフランスやドイツと肩を並べて世界でも離婚率の高い国の一つになっている。しかも、今日の離婚は学齢期の子どもを抱えた夫婦において起こっている。そして離婚した母子家庭の場合、母親の平均年収は同じ年齢の女性の平均年収の3分の1である。

これら社会構造の急激な変化が子どもの文化的、社会的、経済的環境の劣化を生み出している。いったい誰が子どものケアに責任を負うのか。子ども一人ひとりの学び発達する権利をどう保障するのか。この深刻な問いをどの学校もどの教師もつきつけられている。

本書の執筆にあたって、地域の社会、経済、文化の急激な変貌の中で深刻化する子どもの危機に対峙し、学校と教師がどのように対応しているのかをリアルに描き出すことを一つのねらいとしていた。しかし、それは実現不可能であった。どの具体的な現実も、子どものプライバシー、保護者のプライバシー、教師のプライバシー、学校のプライバシーに抵触し、そのほとんどについて記述し公開することは不可能であった。日本における個人情報の保護は諸外国に比べて過剰なほど厳しく、どう配慮しても子どもや保護者や教師を特定できる記述でしか表現しようがない。とはいえ、子どもの危機への対応は、どの学校も直面している中心課題の一つである。本章では、私が見聞した事実の一端を学校と地域を記載しないで記述し、子どもの危機の実態と学校の対応を叙述することにしよう。いわば匿名の「学校見聞録」である。

二、子どもの不幸な境遇と学校の出来事

ある中学校の美術の授業「自画像」の参観中の出来事である。教室の端の二人の男子生徒が授業の終わり近くまで作業にとりかからず、おしゃべりを続けていた。突然、その一人がパレットをテーブルにたたきつけて教室をとび出し、もう一人も後を追うように教室を出ていった。私は心配でその後を追ったのだが、出口付近の生徒たちは私に「大丈夫だよ」と小声で教えてくれた。教室を飛び出した二人はトイレに駆け込み、そしてトイレから呻くような二人の泣き声が響いた。数分後、二人はトイレから出て、教室に戻り、絵筆をとって自画像を描き始めた。この日、二人は放課後も残って自画像を完成させている。

二人の生徒のうちの一人は、小学校のときから母親の虐待を受け続け、背中いっぱいに

子どもの貧困は日本の教室では見えない。※ 写真と本文は関係ありません。

包丁の切り傷を抱えていた。腕力と暴力で他の生徒たちを震え上がらせる生徒だが、その身体と心に負った傷は深い。彼にとって「自画像」は何よりも厳しい課題であった。彼とともに教室をとび出した生徒も心に深い傷を負っていた。彼の両親は彼が幼いときに離婚、祖母に預けられた彼は、祖母の死後、親戚をたらいまわしにされ、４度も養父母を代えている。

この中学校には、彼らと同等の不幸な境遇を生きる生徒たちが、どの教室にも５人程度は存在する。要保護と準要保護の生徒の全校生徒の中に占める比率は７割近くに達する。かつて荒れた同校は、校舎のガラス窓にすべて鉄格子がはめられた時期もあった。あまりに窓ガラスが割れるので、窓ガラスをすべてアクリル板に変えることも検討されたという。その学校が、学びとケアの共同体づくりを推進し、協同的な学びを推進することによって、今では一人残らず生徒が授業に前向きに参加する学校へと変化した。

あの二人の生徒も「大丈夫」と温かく見守る他の生徒たちの支えによって日々学び続けているし、彼らの境遇をわが身のように受け入れ学びを保障している教師たちによって、希望を明日につないでいる。

これら不遇な子どもたちから私が学んだ最大のことは、どんな子どもも学び続ける限り、決して崩れないということである。学び続ける限り、家族が崩れようと、友達が崩れようと、子どもは決して崩れない。逆に、学びに絶望した子ども、学びから逃走した子どもは、ほんのささいなことで簡単に崩れてしまう。この事実は、学びが子どもの人権の中核であること、そして学びが子どもの希望の源泉であることを教えてくれる。

ある地方の小学校を訪問したときのことである。大都市から転校してきた4年生の女の子が「校長先生」と駆け寄ってきた。両親が離婚し母親が故郷に彼女を連れて戻ってきたのだが、4月に転校して以来、半年近くも口を閉ざし、やっと校長と担任教師に話をするようになったのだという。その女の子が校長に語りかける姿を見て涙がとまらなかった。彼女はすべての歯を失っていた。長期間にわたる不安と心労とストレスの結果であった。

別の小学校の母子家庭の6年生の女の子は日曜日に足を骨折したのだが、母親が貧しく国民健康保険にも入っていないため、医者にかかれず骨折した足をぶらぶらさせて通学してきた。学校の保健室では医療行為にあたるので湿布を当てる以上の何の治療も行えない。担任教師は教育委員会にもかけ合い、保護者にも逸早い治療を勧めて奔走したのだが、どこにもなすすべはない。とうとう、その女の子の足は曲がったままで固着し、これら地域の貧困と学校の荒れと教育の荒みに耐えかねた教師は、心労と過労の末、退職するにいたっている。これとても、現代の学校では特異なことではない。

さらにある小学校を訪問したとき、小学校4年のおとなしい女の子が毎週3日も学校を休んでいる。その子の両親は半年前に離婚し彼女は父親のもとに引き取られ、幼少の妹と弟は母親のもとに残ったのだが、その母親はいっさいの家事を放棄して遊んでいる。そのため、彼女が父親の方の食事から洗濯を行うだけでなく、母親の家に毎日出かけて妹と弟の食事をつくり、いっさいの家事を担っている。この事例が示すように、不幸な子どもの傍らには子ども以上に未熟な親がいる。この現実にも、学校はまったく無力である。

ある高校では「学びの共同体」づくりを推進して以来、校内の問題行動が皆無になったにもかかわらず、一人の父親から「息子が財布から毎月数万円抜き出すので問い詰めたところ、同じクラスの女の子4人が息子から巻き上げている」という激怒の電話が入った。

当該の男の子は屈強な生徒で女の子からお金を巻き上げられるわけがないし、そんな問題行動を起こす女の子が4人もクラスにいるわけがない。事情を調べると、女の子4人はいずれも貧困家庭の子どもで、しかも母親は家事も養育も放棄しており、自分と妹や弟の食事代が工面できず、それを哀れに思った男の子が彼女たちのために毎月、父親の財布からお金を盗んで助けていた。泣くに泣けない話である。事情はどうであれ、お金を息子に盗まれた父親は怒り心頭で、事態の終結は困難をきわめた。

家族の崩壊と親の虐待と貧困による子どもの悲劇は、どの学校でも数えきれないほど頻発している。私の見聞した最も悲惨な事件は生徒の自殺未遂であった。学校側は事件に関して沈黙を固守したため、学校は「隠している」と親からの非難と新聞記者の糾弾にさらされていた。現実は、学校は「隠している」のではなく「何も言えなかった」のである。この生徒がいじめを苦にしていたことは事実であるが、この生徒の自殺未遂の主たる原因は他にあった。この生徒は数年ごとに母親が変わっており、しかも父親と母親の双方から性的虐待を受けて悩み、その悩みは自殺未遂の数日前に手紙で「自殺したい」と教師に伝えられていた。その性的虐待はあまりに衝撃的な内容で学校側は内密の相談で対応し対処に苦慮した直後の事件であった。この場合、学校長も教師も自殺未遂をはかった生徒の苦悩を思い、学校を過激に攻撃する両親に対しても、「隠している」と非難するマスコミに対しても沈黙を固守するほか方途はなかった。この事例に端的に示されているように、学校と教師が対峙している子どもの不幸な現実は、そのほとんどが「学校外に対して公言できない現実」である。そのことに学校の外の人々、特にマスコミの関係者は想像力によって繊細かつ敏感にならなければならない。

学校を訪問しリアルな現実を見聞すればするほど、今日の子どもの不幸の現実がいくつもの権力のベールのもとで隠蔽され、学校と教師に覆いかぶさっている事態を憂慮せざるをえない。教育は子どもの現実をすべて引き受けるところから出発する。子どもの現実をすべて引き受ける学校と教師が存在することが、不幸な境遇を生きる子どもたちの希望であり、日本の教育の未来への希望なのである。

学びと授業の卓越性を求めて

一、学力競争の中で

ＰＩＳＡ２００９の結果は、上海が首位、それにシンガポール、フィンランド、香港、日本、韓国、台湾、ニュージーランド、カナダ、オーストラリアが続いてトップ・グループを形成していた。私自身のこれまでの見聞や調査から見て予想通りの結果である。上海、シンガポール、香港、フィンランドをはじめ、これらの国々は「知識基盤社会の教育」への転換を世界に先駆けて遂行した国・地域であり、その成果が結果に結びついたと言ってよい。なかでも上海の学力は平均がダントツに高いだけでなく、低学力層（レベル１以下）が１％（数学、日本は15％）というのも驚異的である。上海の教育内容のレベルはフィンランドと並んで高い。その二つの国・地域において低学力層が著しく少ないのは示唆的である。一般には教育内容のレベルを高くすると低学力層が増え、レベルを下げると低学力層が減ると考えられているが、現実はその逆であることに留意する必要がある。

日本の学力水準はトップ・グループに位置している。しかし、いくつかの懸念が残る。ＯＥＣＤはＰＩＳＡ調査によって「質と平等の同時追求」を提唱しているが、日本の教育は「質」においても「平等」においても危機に立っている。教育の「質」の決定要因は教師であるが、先進諸国が大学院レベルの教師教育を実現させている中で日本の教師教育と現職研修のレベルは途上国並みに低く、しかも近年は非常勤と臨時採用の教師が激増している。「平等」の危機も深刻である。日本の子どもの学力は中位層から下位層への転落が著しい。今回の調査結果によると、日本はフィンランドと並んで社会経済的背景が学力に及ぼす影響が最も少ない国である。貧困層が激増しているにもかかわらず、学校の懸命の努力によって「平等」がかろうじて維持されていることを示している。それも限界に近い状況にある。

ＰＩＳＡ２００９の調査結果が公表された直後、つくば市の並木小学校の公開研究会に参加した。同校は筑波学園都市の一角、研究所と大学が集まり公務員宿舎が密集する地域に位置している。児童数４４８名の半数の保護者が研究所と大学に勤め、外国人とハーフの子どもが１割に達している。保護者の教育歴の高さから同校の学力はもともと高かったが、5年前から根本光子校長のリーダーシップで「学びの共同体」の学校づくりを推進して以降、同校の学力は全国トップレベルに躍進した。その改革は容易ではなかった。研究所、大学に勤務する親の多くは3年ないし5年の任期制の職につき、激しい競争の中で一部の者しか大学や研究所の安定したポストを獲得することができない。しかも、公務員宿舎の団地は学童保育のつながり以外に人と人のつながりは希薄である。そのため情緒不安定な子どもや日本語能力の不十分な子ども、特別支援を必要とする子どもも少なくなく、数年前までは、保護者の学校への苦情も多く、子ども同士の協同の学び合いも保護者と教師の連帯も困難をきわめた。その学校が柔らかな関わりと細やかな心遣いで学び合う共同体を形成し、卓越性を追求する「質」の高い学びを実現する学校へと変容した。

二、卓越性の追求

この日すべての教室の授業を参観し、どの教室の学びも「質」において他の学校と比べ著しく高いことを確信した。1、2年生の教室は、安心して学び合える温かい雰囲気に包まれ、全体の協同学習とペア学習によって低学年らしい細やかで丁寧な授業が行われていた。中学年と高学年では、小グループによる協同的な学びが授業の随所で適切に導入され

ジャンプする学びの風景

ており、どの授業においても「ジャンプ」の課題が後半に組織されて、一人残らず夢中になって思考し探究し合う学びが実現していた。どの教室にも「記録係」の腕章をつけた保護者がビデオカメラをもって授業を記録している。総じて、どの教室も柔らかく温かで、しかも知性的活動が瑞々しい。もっと「ジャンプ」の課題を高いレベルに設定してよいと思われたが、それでも同校の学びは他のどの学校よりも高いレベルで遂行されている。

卓越性の追求は、二つの提案授業、平沼保子さんの指導した5年生の「注文の多い料理店」の授業と三志奈仁美さんの6年生の「図形」の授業において明瞭に表現されていた。私の参観した三志奈さんの授業を紹介

図1

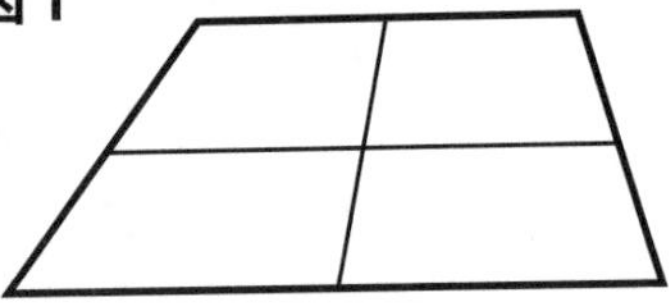

図2

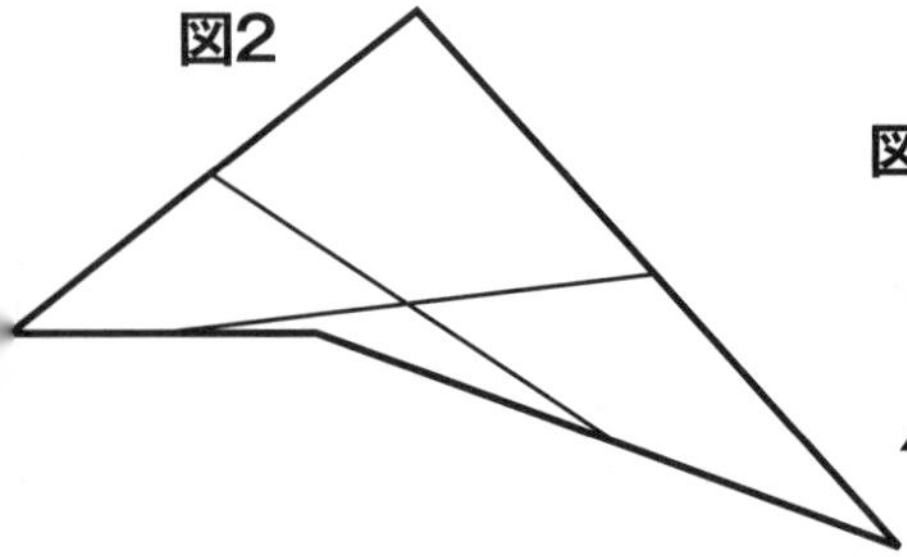

図3

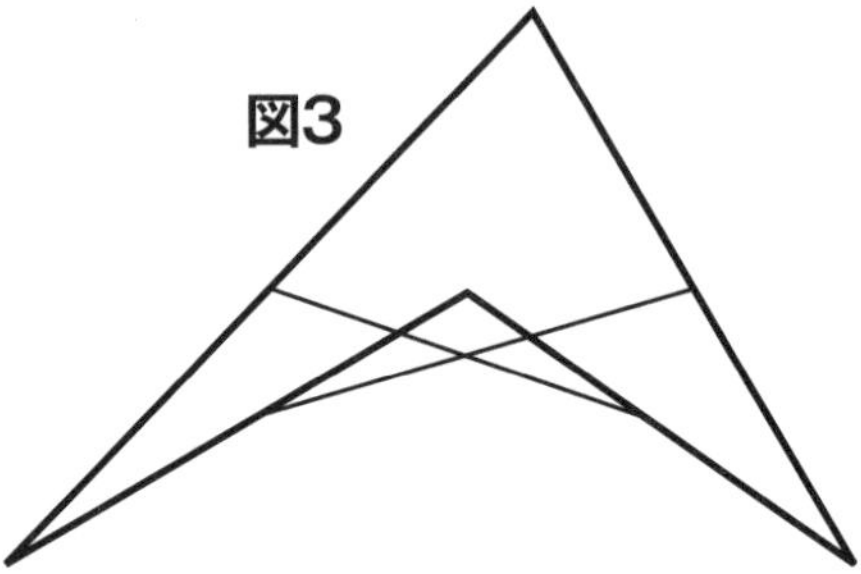

しよう。

　この授業は、まず台形の向かい合う辺の中点を結び（図1）、分割された四つの四角形をそれぞれ半回転させると平行四辺形ができることの驚きからスタートした。なぜ、平行四辺形になるのか。子どもたちは小グループでそれぞれ図形を操作しながら、その証明に挑んでいる。向かい合う辺の中心を結んだ線が交差する四つの角が、それぞれの四角形の半回転によってできる四角形の外側の四つの角に移動することが確かめられ、二つの対角は等しいから対頂角も等しくなり平行四辺形になることが証明される。

　そのうえで正方形、長方形、ひし形、タコ形四角形、不規則な四角形一般において、同様に向かい合う辺の中心を結んで分割される四つの四角形をそれぞれ半回転させるとどうなるかという問いを小グループで探究した。「あっ」「あっ」という発見と感動のつぶやきが教室にあふれ、子どもたちはそれぞれの形の図形をハサミで切り取り操作して、いずれもが平行四辺形になることを確認している。一人ひとりが弾むような学びの姿である。

そして、いよいよ「ジャンプ」の課題である。三志奈さんはブーメラン形の四角形を提示し、「これも四角形だよね。このブーメラン形の四角形も向かい合う辺の中点を結んで分割される四角形をそれぞれ半回転すると、平行四辺形になるかな？」と問いかけた。

これはかなり高度の問題である。ブーメラン形の四角形にも2通りあって、向かい合う辺の中心を結ぶ線が四角形の内側で交わる四角形（図2）と、四角形の外側で交わる四角形（図3）がある。この2通りのブーメラン形のうち、分割された図形の半回転によって平行四辺形ができるのは、中点を結んだ線が四角形の内側で交わる場合（図2）のみである。

小グループの学び合いで、ほとんどの子どもは平行四辺形ができるブーメラン形の四角形を確認したが、平行四辺形ができないブーメラン形の四角形はなぜ平行四辺形にならないのかの証明までは時間不足でたどりつくことができなかった。しかし、それだけでも十分に「ジャンプ」のある学び合いであった。

三、授業研究の展望

提案授業を行った三志奈さんは、6年前に並木小学校に新任教師として着任した若い教師である。その最も若い三志奈さんが同校の卓越性の追求を代表して実践で提示したところに並木小学校の素晴らしさがある。私は以前、根本校長の紹介で三志奈さんの3年前と2年前の授業のビデオ記録を見たことがあったが、それらと比較して参観した授業は格段に洗練されていた。子どもたちが数学的活動に夢中になって探究し合う姿は第一級である。

この授業の素晴らしさは学びのデザインにある。三志奈さんはこの授業を「図形学習の総仕上げ」として位置づけていた。この授業では小学校で学ぶ幾何の基本概念のすべてを活用することが求められる。その構成はあっぱれである。同時に、この授業の素晴らしさは「数学的活動」による「ジャンプ」にある。これほど高い「ジャンプ」では学力差はほとんど解消してしまう。事実、算数が苦手な香織（仮名、以下同じ）が誰よりも目を輝かして学びに没頭していたし、小グループの活動でも最も算数を得意とする和也が算数嫌いの美智子に何度も「これでいいんだよね」と尋ねていた。そしてブーメラン形の四角形の秘密を逸早く見抜いた美加子と敏郎は、どちらも算数を苦手とする子どもである。このようなダイナミックな学びの変容が生まれるところに、「ジャンプ」の課題を追求する協同的学びの醍醐味がある。

並木小学校の「学びの共同体」の学校改革は、学力テストにおいて全国トップ水準を達成したところに優秀性があるのではない。同校の素晴らしさは、「21世紀型の授業と学び」を最先端で開拓し、その挑戦を授業実践において体現している点にある。同校の授業は、全体の学び合い（授業）のために小グループの協同的学びを導入する段階から小グループの協同的学びのために全体の学び合い（授業）を組織する段階へと移行しつつある。この移行は、学び合う関係の深まりと高いレベルの「ジャンプ」を可能にする学びのデザインによって達成されている。その革新的実践の展望を同校の授業研究は示している。

学びの質を追求する学校

一、深化する学校改革

　現代の教育改革の要諦は「質（quality）と平等（equality）の同時追求」にある。「質」を追求しないで「平等」を追求している学校はいくらでも存在する。「平等」を追求しないで「質」を追求している学校もいくらでも存在する。しかし「質」も「平等」も同時に実現させている学校は稀である。子どもたちに一人残らず学びの権利を実現し、しかも質の高い学びへの挑戦を一人残らず保障すること、これは決して容易なことではない。しかし、「質と平等の同時追求」を学校ぐるみで実現することなしには、現代の学校は公共的使命を担っているとは言えないし、公共的な責任を果たしているとは言えない。「学びの共同体」としての学校づくりは、学びの「質と平等の同時追求」という学校の使命と責任をまっとうする挑戦である。

この挑戦は決して校長一人で遂行することはできないし、校長と教師だけで実現することもできない。子ども（生徒）を信頼し対等な立場で協同する実践によってでしか実現できないし、保護者や市民や行政の支援なしに実現させることも不可能である。「学びの共同体」の学校改革は全体論的アプローチであり、その改革を実現へと導くヴィジョンであり哲学である。

このような思いを新たにしたのは、２０１１年１月13日に訪問した広島市の祇園東中学校の公開研究会と翌１月14日の同じ広島市の安西高校の公開研究会においてである。いずれも「質と平等の同時追求」を標榜して学校改革を持続し成功へと導いている。そのうち安西高校の現在を中心に報告し、学校改革の内側の風景を叙述しよう。

安西高校に「学びの共同体」づくりを導入した才木裕久前校長は改革を「進化」（「安西高校進化論」）と呼んでいたが、現校長の奥山雅大校長は「深化」と表現している。「進化」から「深化」へ。この表現が同校の改革の現在を端的に表現している。

安西高校は「奇跡」と呼ぶべき改革を推進し続けてきた。かつて同校は「荒れた学校」であり、中途退学者は半数近くに達していた。その学校の再建を「清掃指導」などで開始したのが前々校長、その改革を受け継ぎ４年前に「学びの共同体」づくりを開始したのが才木校長、そしてその「深化」を追求しているのが奥山校長である。

改革の成果は劇的である。かつて毎年90名近かった中途退学者は、２０１０年度は12名、２０１１年度は９名（２月現在）にまで激減した。学力も向上して、四年制大学への進学者も４年間で15名から80名へと増加した。訪問した日はセンター入試の前日であったが、５年前の受験者が２名であったのに対し、今年度は15名が受験する。そして、最も就職が困難とされる今年度（２０１１年度）、就職希望者36名のうち34名の就職がすでに内定している。残り２名がもともと進学希望者であったことを考慮すると、全員の就職が決定したことになる。さらに、５年前までは受験倍率が県下の高校の中で最低と言われ、廃校の危機も噂されていたが、２００９年度の受験倍率は県立高校のトップの1・７倍となり、一学年のクラス数も５クラスから６クラスさらに７クラスへと増加した。どの数値をとってみても驚異的であり、まさに「奇跡的」な成功である。

二、学びの質を高める

しかし、改革の成果はそれらの数値にあるよりも、むしろ教室の生徒の学びの姿にあると言うべきだろう。６月に訪問して確信していたが、どの教室においてもすべての生徒が仲間たちとの協同の学び合いに支えられて授業に参加していた。すでに同校に定着したコの字型の机の配置と小グループの学び合いが、すべての生徒の学びへの参加を保障していた。特に2年生、3年生の協同的な学びへの参加は素晴らしい。

生徒たちの生き生きと学び合う姿を見ながら、「なぜ学びの共同体なのか」を問い直していた。学校改革において「学びの共同体」がこれほど実効力を発揮するのは、「学びの共同体」を学校と教室に構築することでしか、生徒と教師の学びの疎外を克服する方途がないからである。そして、現在の学校が抱えている中核的な問題は学びの疎外にある。

しかし、安西高校の授業改革に課題がないわけではない。その一つは、1年生と2年生の教室に見られることだが、教師によって生徒の学びにムラが見られることである。端的に言って、協同的な学びに積極的に取り組んでいる教師の授業には積極的に参加するが、協同的な学びに消極的な教師の授業にはなおざりに参加している。その変化は同じクラスとは思えないほど著しい。私は、この状況を克服することを「学びの共同体」づくりの第2段階の課題として設定している。どんな教師にも耐えられる学び上手の生徒を育てることなしに、質の高い学びをすべての生徒に保障する学校をつくることはできない。この改革の要諦は二つある。一つは学習課題のレベルをあげて「ジャンプのある学び」を授業に組織すること、もう一つは授業の反省と批評において「学びのデザイン」を教科の本質に

提案授業の風景

即して研究することである。

最近学んだことであるが、「ジャンプ」の課題のレベルの高さは生徒の学び合う関係の成熟度との相関において決定される。すなわち、生徒の学び合う関係が未熟な段階では「ジャンプ」の課題がそれほど高くなくても生徒は学びに積極的に参加するが、生徒の側で学び合う関係が成熟してくると、高いレベルの「ジャンプ」の課題を設定しないと、生徒の学びがダレてしまう。安西高校の授業改革は、この問題に取り組む段階に突入していた。

「学びのデザイン」の研究は、授業改革に取り組んでいる教師にとって共通のテーマである。協同的な学びを中心とする授業研究は、これまでの一斉授業の授業研究とは決定的に異なっている。この転換なしには「質と平等の同時追求」を標榜する「21世紀型の授業」を実現することはできない。

新しい授業研究は「学びのデザイン」とその「リフレクション」によって遂行される。どの学校もそうであるが、安西高校においても授業研究を生徒の学びの「リフレクション」を中心に推進してきたが、今後は、その基本を継承しつつ「学びのデザイン」の研究をいっそう推進することが求められるだろう。質の高い学びをすべての生徒に保障するためには、「学びのデザイン」を教科の本質に即して研究することが不可欠である。

三、始まりの永久革命

午後には玉木雅己教諭による1年5組「国語総合」の「ものの見方」の提案授業と研究協議が行われた。この授業は「赤い頬をした動物」という教材への導入として設定された。授業は三つの課題で組織され、それぞれ小グループの協同的な学びで構成されていた。一つ目の課題は草野心平、三好達治、まどみちお、寺山修司の短い詩が紹介され、比喩表現の類推に着目して「視点」を変えて見る「ものの見方」を体験することである。二つ目の課題はさまざまな動物の特徴を表現する課題であり、三つ目は「赤い頬をした動物」というテキストの冒頭のニーチェの引用文と末尾のマーク・トウェインの引用文を読んで、「恥」を人間の本質と規定した二つの文章の「微妙な違い」について意見を交流することである。

玉木さんが1年生のクラスを提案授業で選んだのは、1年生が全体として精神的に幼く、学びへの参加がやや弱い状況にあるからである。しかし、この提案授業において生徒たちは夢中になって授業に参加し、午前中に私が抱いた不安に反省を迫るものとなった。まさしく生徒たちは可能性の多面体である。授業によってまったく別の様相を表している。

夢中になって学び合う生徒の活動を導いたのは何だったのだろうか。協議会の検討は、この問題を焦点として展開した。十分に時間を保障された3回の小グループの協同的な学び、そして玉木さんの無駄のない言葉と無駄のない動き、そして生徒同士をつなぐ玉木さんのポジショニング（居方）など、玉木さんの洗練された授業の技法が同僚の教師たちの批評によって浮かび上がっていった。それらと同時に、私は、玉木さんと生徒の間の信頼の絆に深い感銘を受けていた。生徒の玉木さんの授業への期待と信頼、そして玉木さんの生徒への信頼は、いずれもしっかりしていて、その確かな絆が彼の授業と生徒の学びに安定感を与えていた。夢中になる学びの活動とユーモアとエスプリのあふれる生徒の発言は、その結果に思われた。この提案授業に見られるヴィジョンが、安西高校の授業改革の「深化」の方向であり、これからも続く「始まりの永久革命」の指針である。

公開研究会には、全国各地の高校、大学、教育委員会から参加者があり、海外からも「韓国学びの共同体研究会」の教師50人、それに台北市立大学の教授3人が参加した。「韓国学びの共同体研究会」のリーダーである孫于正（ソン・ウジョン）さんは、韓国においても日本以上に「学びの共同体」の学校づくりが推進されている動きを伝え、その背景に子どもたちの「学びからの逃走」の深刻な事態と混乱する改革の中でヴィジョンを見失い疲弊する教師たちの実態があることを指摘した。「誰も聴いていない授業」が蔓延する韓国の高校において、安西高校の授業改革は「希望の光」であると。台湾の教授たちも「授業改革の素晴らしさ」と「学び合う教師たち」の姿に「感動」と「衝撃」を受けたと発言し、同校の教師たちへの励ましのエールを送った。安西高校の挑戦は国境を超えた改革をも促進している。

紀南の学校改革の潮流

一、紀伊半島の突端の地から

5年前（2007年）、三重県熊野市を訪問したときの驚きは忘れられない。三重大学に勤務していたとき以来の25年ぶりの訪問であった。駅前から木本中学校への街並みの風景は、郵便ポストから電信柱まで何一つ25年前と変わっていなかった。懐かしいというよりショックである。それほどこの地域は辺境へと変貌し、経済の衰退は著しい。かつて、紀南の地域は林業で潤い、漁業で活気に満ちていた。しかし、今は、住民の平均年収は県北部の半分以下、何と人口比では2％に満たない教師の納める所得税が市の税収の16％を占めているという。

熊野市を訪問して、もう一つ印象深いことがあった。全国の学校を訪問して久しいが、どの学校も自宅から5時間半以内の時間で到着する。しかし、紀南の学校へは8時間以上の時間が必要である。しかも4年前の2度目の訪問のときは、尾鷲市と熊野市の間のトンネル内で列車が鹿とぶつかり、ホテルに着いたのは午前1時をまわっていた。この地域は、時間で言えば、上海や北京よりも遠い。

熊野市の木本中学校で「学びの共同体」の学校改革が始動したのは、今から5年前である。当時の校長、松田博行さんが改革を始め、その改革は、田岡隆校長に継承された。私は5年前と4年前に訪問し、今回（2011年1月28日）の訪問は3度目である。最初の訪問では学校の実態に驚いた。驚きは二つである。一つは、生徒の無気力が著しいこと、もう一つは学力の低さである。この二つは、地域全体の経済的文化的活力の衰退と深くつながっていて、これまで関わってきたどの学校よりも改革は困難に思われた。率直に言って「改革には10年はかかる」と密かに覚悟を決めていた。その中で唯一希望があるとすれば、松田校長をはじめ、多くの教師たちが何とか打開の道を切り開こうと熱気の中で私を迎えてくれたことである。近郊の教師たちの中には、私が三重大学で教えた卒業生たちが何人も含まれていた。誰もが素朴で実直な学生たちだった。その期待には何としても応えたいと思った。

翌年の2度目の訪問で、私の印象が悲観的であったことを思い知らされた。田岡校長になって改革はいっそう力強く推進され、どの教室をまわっても、一人残らず学び合いに参加している状況が生まれていた。教師の方も、コの字型と4人グループの協同的学びを授業のスタイルとして定着させ、高いレベルの課題を模索して「ジャンプのある学び」の導入に積極的に取り組んでいた。その結果、不登校の生徒は激減し、問題行動はほとんど消えていた。かつて県下で最低レベルであった学力も、「学びの共同体」を導入して3年目には、県平均も全国平均もかなり上回るところまで急上昇している。どれも少なくとも5年は必要と思っていたのだが、私の予想ははずれ、わずか3年で飛躍的な成功を導いている。

しかし、木本中学校の改革の最大の成果は、学力の飛躍的向上以上に、生徒の明るさと学びの素晴らしさにあると思う。そして、それと同様の成果が、教師たちの中で育まれた希望であり、教師たちが共有してきた改革への意志だろう。そのことを今回の訪問で理解することができた。

二、改革のうねり

木本中学校の劇的な改革は、熊野市のみならず、尾鷲市、紀宝町、新宮市（和歌山）の教師たちに力強い改革のヴィジョンを事実で提供し、これら周辺の市と町の教師たちと教育委員会の人々に希望を与えた。いつも痛感するのだが、一つの学校が生まれることによって、地域のすべての学校が変わってゆく。改革の事実の力は底知れなく大きい。この地域でも、どの教師も木本中学校の教室を訪問し、一人残らず真摯に学び合っている生徒の姿に感動し、校内に同僚性を構築して学び合っている教師の姿に感動する。それが改革の新しい出発点となり、その炎は燎火となってまたたくまに紀南全域に広がった。

木本中学校の前日に、南牟婁郡紀宝町の井田小学校を訪問した。三重県の最南端の町、和歌山県の新宮市と隣接した小さな町である。しかし、小さな町とは思えないしゃれた校舎である。校長の武村俊志さんは、「校舎の素晴らしさに町の人の願いが込められている」と語る。武村さんは酒好きで「自動車免許はとらない」と豪語し、奥さんの運転にまかせている。愉快な人である。武村校長は、若いころ、民間研究団体の科学教育協議会の授業研究に打ち込んでおり、その経験が、今は校長として授業改革を支え、教師たちを専門家として育てる活動に生きている。一日、武村さんとご一緒したが、豪快な飲みっぷりとは対照的に、一人ひとりの教師への細やかな配慮と授業を見る目の細やかさは逸品であった。そう言えば、紀南の地域は、1950年代から60年代にかけて民間教育運動が盛んだった地域である。その伝統が、学校改革と授業づくりを根底から支えている。

井田小学校の子どもたちと武村校長

井田小学校は、児童数が131人の小さな小学校で、校庭の横には砂場があり、毎年「ウミガメ」の孵化に協力している。ウミガメは互いに孵化の振動を伝え合って一斉に孵化し、100匹近くが一体になって協力し重い砂の中から這い上がってくるという。生まれながら共に生きる知恵なしでは生きられない存在なのだ。教室に入ると、子どもたちも「ウミガメ」のように協力し学び合っていた。

学び合う姿の子どもたちは素晴らしいが、学力の低さは深刻である。この地域の学力の低さは歴史的な問題でもある。かつて三重大学に勤務したとき『三重県教育史』の史料調査と執筆に従事したことがあるが、紀南地域の学力の低さは明治以来の歴史を有していた。

　しかし、井田小学校の教室で私は、学力回復に希望を見いだしていた。例えば3年生の教室では「32×16」の計算を23名の子どもたちが五つの小グループで学び合っていたが、何と、20通りも答えが出ていた。正解がわずか4人しかいないのも驚きであるが、どの子も自説を堂々と語って一歩もひかないのもあっぱれである。やがて、誤答の子どもたちは「わからない」を連発するようになるのだが、そこでも決してわからなさを曖昧にしたり妥協しようとはしない。この誠実さと相互の信頼感こそが希望である。必ず、数年後には井田小学校の学力も飛躍的に向上するだろう。

　井田小学校の公開研究会には、近辺の小学校の教師たちが約60名参加し、5年の山本裕代さんの提案授業を中心に子どもの学びを細やかに省察する研究会が行われた。研究会の冒頭で、紀宝町の長村教育長は「学びの共同体」を教育委員会の政策にしたいと述べ、改革に対する行政の支援を言明し、教師たちへの励ましとなった。それにしても、研究会をとおして武村校長の授業の事実の細やかな観察にもとづいた教師たちへの助言とユーモアを交えた励ましは逸品である。優秀な校長の学校では、女性教師が伸び伸びと仕事をしているが、井田小学校もそういう学校の一つである。

三、未来への展望

今年（2012年）も木本中学校には、尾鷲市、熊野市、新宮市、紀宝町を中心に100名以上の中学校の教師たちが集って、同校の授業の改革と学校づくりに学んだ。杉松教育長や西垣戸さんら熊野市教育委員会の指導主事の支援もありがたい。西垣戸さんは「協同的な学びを一人ひとりの教師が自らのスタイルにまで高めているのが素晴らしい」と語っていた。現在の木本中学校の到達点をこれほど的確に表現する言葉はない。

しかし、木本中学校の改革もすべてが順風満帆というわけではない。1年生も3年生も素晴らしい学び合いを見せていたのだが、2年生の学力の低いのが問題である。この学年は、かつて小学校で学級崩壊を繰り返した学年であった。学校への不信と怒りで親が猟銃をもって校長室に怒鳴りこんできたこともあったと聞く。生徒たちの心の深い傷は2年間の中学校生活で癒やしてはいたが、低学力の問題の解決にはもう少し時間が必要である。

ここでも救いは、生徒一人ひとりの脆さをまっすぐに受け止めている教師たちの姿であり、傷つきやすく脆い信頼関係を懸命に守りながら学び合っている実直な生徒たちの姿である。揺らぎが激しく脆い生徒たちを前にした教師は、誠実で丁寧な授業においてしなやかな対応に努めるとともに、心の芯のところの安定した強靭さが必要である。その極意も同校の教師たちは獲得していた。そこにも学ぶべきものがある。

5月には、熊野市の木本中学校とともに、尾鷲市の尾鷲中学校を訪問することにしている。尾鷲中学校は、私が三重大学に赴任した年（1980年）、全国の校内暴力の出発点となった学校として著名である。あれから30年がたった。同校は一昨年まで、やはり県下で最も困難な学校の一つになっていた。その背景には地域の崩壊がある。かつて遠洋漁業で栄えた市だが、今はわずか7隻の漁船が残っているのみだという。この尾鷲中学校において昨年から神保方正校長が全職員と一体となって「学びの共同体」づくりの学校改革を開始し、わずか1年だが着実な成果をあげている。

かつて1970年前後、高度経済成長で破壊された地域の再生を求めて「地域に根ざした教育」が熱心に追求された時代があった。そして現在、あの時代よりいっそう切実に「地域の再生を求める教育」が求められているのだと思う。地域の疲弊を思うと、短期的には経済の復興が重要だが、長期的に見れば、経済よりも教育がはるかに重要である。教育は地域の未来の希望であり、教育が崩壊した地域に未来はない。それだけ教師たちの使命と責任は重い。

若い教師たちが育ち合う学校

一、浜之郷小学校の現在

神奈川県茅ヶ崎市の浜之郷小学校は、「学びの共同体」のパイロット・スクールとして創設されて15年を経過した。同校が「21世紀型の学校」を標榜して出発したとき、大瀬敏昭校長（故人）と私は多くの参観者から「10年後の見通し」について質問された。そのときは私も大瀬校長も「10年後の学校は10年後の教師と子どもたちと保護者たちが決めることです。私たちは『今』の学校をどうするかだけを考えています」と答えたことを思い出す。この回答には二つの主張が込められていた。一つは、学校がどうあるべきかは、そのときどきの学校の当事者が決定すべきであるという民主主義の主張である。もう一つは、教育で追求すべき「今」は、過去と未来の中間点としての「今」ではなく、過去とつながりながらも現在を超えようとする「今」であり、現在の延長線上にある未来を超え、可能性としての未来に挑戦する「今」であるという主張である。

15年後の今も浜之郷小学校は「学びの共同体」という学校改革の理念を一貫して継承している。4代目の加藤清校長（当時）は、「同僚性の構築と自律性の樹立を基盤とした校内研修」を中心に「学校らしい学校」の創造をめざしている点で、同校の学校経営は一貫していると述べている。「あなたと私と、そして、あなたたちと私たちがたがいに心をくだき学び合う学びの共同体としての学校」という創学の理念も一貫しているという。

しかし、浜之郷小学校の教師たちは新しいメンバーへと一新された。大きな変化は若い教師が増加したことである。その背景には、首都圏で急速に進行する教師の世代交代がある。浜之郷小学校の創設から数年間は、市全体（小学校の数は18）で新任教師は1名もしくは2名であり、すべてを同校が引き受けていた。しかし、新任の採用数は10年間で50倍に急増し、近年は各学校に毎年3名から4名の新任が割り当てられている。その結果、5年前、浜之郷小学校の教師の平均年齢は31歳になった。校長や教頭や教務主任を含めての平均年齢である。28名の教師のほとんどは20代前半、22教室の半数以上は新任3年以内の教師たちである。私は毎年１００校近くの学校を訪問しているが、浜之郷小学校よりも若い教師の多い学校と出会ったことがない。文部科学省の推計によると、今後10年間で全国の教師の3分の1が若い教師と入れ替わる。期せずして浜之郷小学校は、教師の年齢構成において「先進校」としての役割を果たすことになった。

それにしても、若い教師が大多数を占める浜之郷小学校が、革新的伝統を継承し、一人残らず子どもの学ぶ権利を保障し、一人残らず教師が育ち合う学校を持続しているのは驚異的である。子どもたちの所作は、これまでどおり柔らかいし、子ども相互のケアし学び合う関わりは今まで以上に成長している。授業のデザインや学びの質においては、いくつも検討すべき課題を残してはいるが、それ以上に、若い教師たちがベテランの教師に支えられ相互に学び合う姿はどの学校よりも素晴らしい。「若い教師たちが育ち合う学校」を実現している点で、浜之郷小学校は第二の黄金期を迎えている。

二、若い教師の授業に学ぶ

若い教師たちを育てるのが難しいのは、若い教師の欠点を指摘して一方的に教える（矯正する）指導になりがちなことである。若い教師の授業実践の欠点を指摘するのは誰にでも容易なことから、そして若い教師の側も即効的な解決を求めているだけに、古いタイプの授業の鋳型にはめる指導に陥りやすい。その結果、若い教師は、ますます混乱し、ベテラン教師によってつぶされてしまうか、学びの可能性を奪われてしまう。この悪弊をどう克服したら、いいのだろうか。

その最大の鍵が、若い教師の実践から「学ぶ」能力をベテラン教師がそなえているかどうかにある。優秀な教師であればあるほど、若い教師の実践から学ぶことができる。そのようなベテラン教師と出会えた若い教師は幸福である。そのような若い教師は、自分に最も適した授業実践のスタイルと哲学を自分に適した時間をかけて模索し、子どもの成長と波長を合わせながら確かな歩みで成長できるだろう。

私自身、ベテラン教師の実践から学ぶことも重要だが、それ以上に若い教師の実践から学ぶことの方が貴重な経験になっている。その理由はいくつもあるが、一つは、若い教師の授業においては、教師のデザインと子どもの学びの事実のズレが大きく、それだけ教材の特質や授業実践の本質が根本から問われることにある。また一つは、若い教師の抱えている困難はいくつもの問題が複雑に絡み合っており、その診断と解決の模索自体が、授業実践に対する高い識見と細やかな配慮を必要としている。さらに一つは、若い教師の実践の欠点の修正を求めることは簡単だが、その若い教師の成長する芽を見つけ、それを育むことは、通常以上の卓越した授業の観察と省察の能力を必要としていることにある。これらの自覚をもって、私たちは、若い教師の成長を支援する必要がある。

三、成長の軌跡

２０１１年3月3日、浜之郷小学校はこの年第10回の授業研究協議会を開き、若い教師二人の授業を公開して検討した。一人は浜之郷小学校に新任で赴任し5年目を迎えた福田悠子さん、そしてもう一人は初任1年目の濱田惇志さんである。福田さんは、1年1組で文学の授業、濱田さんは5年1組で「分数のかけ算」の授業を公開した。そのどちらの授業も、私にとって学ぶところの多い授業だった。

福田さんは、学年末の授業の公開にあたって「ろくべえ、まってろよ」(灰谷健次郎)をテキストとして選択した。年間をとおして追求してきた「お話を愉しむ」授業の総仕上げを試みたのである。「子どもの感覚と私の感覚、ズレてズレて、そのズレがどうしても埋まらなくて、ずっと授業づくりに苦労してきた」と語る。しかし、福田さんの授業を観察してきた経験から言って、福田さんは、浜之郷小学校の教師の中で、最も子どもへの対応が細やかで、子どもの学びに寄り添った授業づくりを行ってきた教師の一人である。この日の授業においても、子どもたちの瑞々しい感覚が満ちあふれ、一人ひとりの読みが響き合ってはじけるような低学年らしい学びが展開されていた。

福田さんの授業風景

柔らかでしなやかな福田さんの対応をうっとりと見とれながら、私は、福田さんの5年間の成長の跡を思い起こして目頭があつくなった。新任1年目の秋、私は福田さんに「子どもをつぶしてもいいから、自分の声を守りなさい」と忠告したことがある。それほど福田さんは授業の成立に苦慮し、心身ともにぼろぼろになっていた。その彼女だが、2年目から先輩や同僚に学びながら日増しに自分のスタイルを形成し、驚くほどの成長をとげていった。

最も大きな変化は、3年前に何を言っても通じない厄介な子どもを受け持ったときである。その理不尽な行動に業を煮やした福田さんは、その子をそこまで追いつめている母親を心の底で恨んでいた。ところが、ある日、その母親から日ごろの子育ての苦労を泣きながら訴えられる。その日から、福田さんは、その子も母親もまるごと受け入れられるようになり、それを契機に、福田さんの授業は子ども一人ひとりに寄り添い、つぶやきをつなぎ、学びを響き合わせるスタイルへと大きな転換をとげたのである。

この日の授業の最後のところで、福田さんは感極まって泣き出してしまい、10分も授業を延長してしまった。子どもたちにも100人近い参観者にも予期しなかった展開である。私も目をうるませながら、福田さんの涙の意味を嚙みしめていた。彼女は新任から5年目である。1か月後には浜之郷小学校から別の学校へと転任することになるかもしれない。福田さんは、子ども一人ひとりの1年間の成長の輝きがまぶしかったのであり、同僚たちと共に学び合った5年間の軌跡がいとおしかったのである。こうして福田さんは教師としての自立を達成している。

一方、濱田さんの授業は初任教師の誰もが直面する壁を率直に表現していた。濱田さんは臨採教師として昨年度も同校でつとめていたが、授業の成立に苦しんできた。人一倍誠実な濱田さんの授業実践は、子どもの学びの充足感とつながらず、いつも空回りしてきたのである。この日の授業公開と協議会は、その壁がどこから生まれているのかを同僚全体で共有し、授業づくりの基本について深く学び合う機会となった。

濱田さんの空回りの要因は複雑である。一つは、彼のポジショニングとまなざしと聴き方にある。彼の子どもへの対応は1対1か、1対全体になっており、子どもと子どもをつなぎ、子どもと教材をつなぐ関わりになっていない。そのため、彼の近くの子どもにしか言葉が届かず、次第に後ろの方から学び合う関わりが崩れてしまう。さらに「分数のかけ算」において「割合分数」と「量分数」の数学的意味が濱田さん自身の中で混乱しているため、子どものつまずきを理解できず、学びを混乱させてしまう結果を招いていた。

濱田さんの授業事例の検討は、福田さんの授業事例の検討以上に、授業の基本は何か、学びの成立は何によって達成できるのか、そして、学びの質を高めるために教師は何を学ぶ必要があるのかについて同僚間で深く学び合える機会となった。これからの濱田さんは大きく成長するだろう。その軌跡がまた新たな学校づくりを準備するのである。

地域の中の高校
――授業の改革によって地域を担う

一、新緑の中で

東海道線の島田駅から大井川に沿って山道を車で走って45分。静岡県立川根高等学校（河原崎全校長）を訪問した。ゆったりと流れる大井川を包み込む新緑の山あいの景色は素晴らしい。川根町は高級茶川根茶の産地であり、川根温泉も知られている。しかし、行けども行けども山また山の奥地である。川根高校のある川根本町への交通としては東海道線の金谷駅から私鉄の大井川鉄道も走っているが、その鉄道を利用しても大井川沿いに40分、運賃は「日本一高額」と言われ、片道1500円である。

川根高校は、生徒数206名（1年生78名、2年生62名、3年生66名）の小さな高校である。山あいの盆地にあるため、すべての生徒が旧川根町内の三つの中学校、本川根中学校、中川根中学校、川根中学校からの進学者である。これら三つの中学校の卒業者は、ほぼ半数が島田市内の高校へ、残りの半数が同校へ進学する（島田市の高校に進学する生徒は高額運賃の大井川鉄道を使って通学している）。今年（２０１１年）は校長の尽力によって多数の1年生を迎えて生徒数は２００名を超えたが、前年度は２００名を割っていた。川根高校の生徒数は25年前は５００名を超えていた。しかし、川根町の少子化・老齢化の勢いは激しく、三つの中学校の生徒数の減少に伴って同校の生徒数は減り続けてきた。まだ存亡の危機にはいたっていないが、三つの中学校の卒業生の数が毎年30名ほど減っている現状では、一人でも多くの生徒を同校に迎える必要がある。川根高校を失えば、川根町の地域は消滅してしまうだろう。文字通り、川根高校は地域の未来を担っている。

生徒数を減少させてきた川根高校だが、進学実績においては貴重な成果をあげてきた。20年前までは四年制大学の進学者は10名以下（5％程度）であったが、近年は30名以上（40％から50％）にまで上昇した。２０１０年度の合格者数は四年制大学は国公立6名を含む37名、短大8名、専門学校13名、就職13名（希望者全員）であった。入学時の成績レベルから考えると、素晴らしい実績である。進学と就職の実績は、同校に対する地域の人々の信頼の成否に直結する指標であり、同校の存続ひいては地域の存廃に関わる最も重要な目標である。ちなみに、川根高校の生徒たちは誰も塾や予備校を経験したことのない生徒たちである。今時の日本で、塾や予備校を一度も経験しない子どもは稀有であるが、その中で、前記の進学実績は特筆に値する。

この地域の子どもの学力はどの学校も全国平均よりもかなり低い。かつては林業で栄え、その後は茶の栽培で潤った地域である。自営業を中心とする経済は、子どもの学力の高さを求めなかった事情によるのだろう。しかし、今や林業は壊滅状態で、狭い畑に付加価値の高い高級茶を栽培してきた農家も、日本人の高級茶離れによって経営は行き詰まり、今では専業の茶畑農家は数軒しか存在しない。しかも、高級茶は霜に弱く、春先に一晩でも霜にあうと茶の芽は茶色に変色し、壊滅的な打撃を受けてしまう。昨年度（２０１０年）がそうだった。この状況で、ほとんどの住民は近辺の中小の工場や会社に勤めており、子どもたちにも大学や短大・専門学校への進学を求めるようになった。その要請に同校は応えている。

二、学校連携の授業研究

川根高校に到着すると、同校に付設するセミナーハウスにおいて中高合同研修会が開かれていた。川根高校と川根中学校と中川根中学校と本川根中学校の４校は２００２年度から「川根地区連携型中高一貫教育」を推進してきた。その特徴は授業交流にある。川根高校から連携中学校へ、連携中学校から川根高校へと、教師が相互に行き来して授業の交流を行い、併せて、合同の授業研修会を開催してきた。この日も、4校全員の教師、約60名が他校からの参加者約20名とともに、川根高校の授業を参観して検討し、私の講演をもとに授業の改革と学力向上の方策について議論した。

中高合同研修会に参加した私は、この閉ざされた山あいの盆地の高校と中学校が、最も純粋に公立学校の使命を実現していることに深い感銘を受けていた。この中高連携は「地域の伝統文化の伝承」と「21世紀の川根地域を担う有為な人材の育成」を目的として、教育の質の向上と平等の実現を追求している。その教育を受ける子どもたちは、塾も予備校も経験していない子どもたちであり、学校を地域の学びの共同体の要として体験している。教師たちも同様である。

さっそく、高校1年の提案授業を参観した。授業者は教職2年目の八幡亮介さん、数学の少人数授業であり、題材は「循環小数」である。教室に入ると、コの字型に18名の生徒たちが座っている。どの生徒も柔らかく、見るからに素朴で誠実であり、驚くほど仲がよい。まだ入学直後の4月当初で、これが3時間目の数学の授業なのに、まるで半年以上を経過したような親密さである。その姿を一瞥しただけで、この学校の生徒たちが一人ひとり尊重され、どの授業においても丁寧な教育が行われていることがわかる。

授業は、最初に「1／3＝0・3333…、7／11＝0・63636363…、5／37＝0・135135135…」が示され、これらの数を「循環小数」と呼ぶことが提示される。途中、生徒の一人は「これじゃ、ケーキを三等分できない。どれかが少しだけ大きくなる」と発言し、またある生徒は「でも、120度で切るから三等分になるよ」という。それを受けて、八幡さんは「1＝0・9999…は正しいか」という問いを投げかけ、1回目の小グループの学び合いが行われた。15分ほどの小グループ活動であったが、「わからない」と言えない二人の女子生徒のいる一つのグループを除いて、どの小グループにおいても活発に意見が交わされ、学び合いが歓びになっている様子がうかがえる。生徒たちが達した結論は多様だった。「この等式は成り立たない」と実証しようとする生徒も多かった。しかし「1／3＝0・3333…の両辺をそれぞれ3倍すると1＝0・9999…になる」という生徒の意見を受けて、八幡さんは「無限」の概念を説明し、この等式が成り立つことを確認した。

そして、いよいよジャンプの課題である。「0・6666…と0・2727…をそれぞれ分数で表す」課題で小グループの学び合いが10分ほど展開された。どの小グループも夢中になって話し合い、それぞれ2／3、10／37という答えを導いた。最初に提示された「1／

3＝0・3333…」と「5／37＝0・135135…」をそれぞれ2倍にしたのである。いくつかのグループでは「1／3はいいとしても、5／37はおかしい」という意見も出されていた。その最中に一つのグループで「すごーい、すごーい」の声があがった。ある男の子が「x＝0・2727…とし、100x−x＝27を導き、x＝27／99＝3／11」という正解に到達したのである。

三、改革の展望

八幡さんの行った提案授業は、いろいろな意味で同校の改革の展望を示すものであった。一つには彼が2年目の教師でありながら、率先して提案授業を引き受け、しかも質の高い授業を実現したことである。川根高校の教師は、半数以上が教職5年以下の若い教師たちである。八幡さんをはじめとする若い教師たちの真摯で誠実な授業改革の挑戦が、先に示した素晴らしい進学実績を実現していた。しかし、若い教師たちだけに、授業づくりの困難も大きい。研修会においても、一人の若い教師から「協同的な学びの素晴らしさはわかっても、自分自身が高校まで一斉授業しか経験してこなかったので、小グループの学び合いを導入するのに怖さを覚えてしまう」という率直な意見も出された。まったく、そのと

提案授業の教室風景

おりだと思う。この若い教師たちが、まさに「21世紀を生きる教師」として、新しい時代にふさわしい授業スタイルの創造に腐心していることは何よりも貴重である。

八幡さんの授業は、無駄のない選ばれた言葉、「共有」と「ジャンプ」の二つの課題の小グループの協同的学びによる授業の構成、そして学び合いの十分な時間の確保のどの点においても、これからの授業改革の希望を明快に示していた。何よりも、淡々とした関わりにおいて表現されている生徒との信頼関係が素晴らしい。

この提案授業のもう一つの成果は、「学びの共同体」を標榜する授業のスタイルが、同校の生徒たちの学びにしっくりと溶け込んでいたことである。八幡さんは、数か月前に東京大学教育学部附属中等学校の公開研究会に参加し、「学びの共同体」の授業づくりのヴィジョンを確かにしたという。彼の授業を参観した私も、この学びのスタイルがこの地域の生徒たちに適切であることを実感していた。

合同研修会では学力の向上をめざす授業改革の在り方が、教科部会ごとに話し合われた。この地域の学力水準の低さをどう中高連携で克服していくのか。河原崎校長も切望するように、やがては四つの小学校も含めた研修体制で、地域全体の教育の質を高める必要がある。道のりは遠いが、その一歩は確実に踏み出されている。

帰路の車の中で、もう何年も親しくしてきた浅川典善副校長と、文学談議も交えながら同校の改革の展望について語り合った。彼は「河原崎校長や私は『どさまわり』の校長・教頭」と語る。地域を大切にしている彼らが、日本の高校の未来を開いている。

改革を持続すること

一、始まりの永久革命

新しい年度が始まる4月と5月の学校訪問は、いつも不安と緊張がつきまとう。新しい教師を迎え、新しい校長を迎え、新しい子どもを迎えて、新しい年度が始まる。教師の異動がない欧米の学校とは異なり、日本の学校は校長は3年、教師はほぼ7年で他校に異動する。したがって毎年、4分の1ほどの教師が入れ替わる。「学びの共同体」づくりを推進している学校は、3分の1ほどの異動は覚悟しなければならない。学校が改善されれば、教育委員会が、より困難を抱える学校に優秀な教師を異動させるのは当然の措置である。私は、日本の教員異動は地域全体の学校をよくするためには有効なシステムだと思う。

学校の改革は開始することも重要であるが、持続させることはもっと重要である。10年ほど前までは、校長が代わると改革も頓挫してしまうことが多かった。「学びの共同体」の学校改革は全体論的アプローチであり、その中核に位置する校長のリーダーシップが衰えたり逆方向に作用すると、脆くも崩れてしまいがちである。改革の拠点校を築いても、校長が異動すると崩れ、また別の学校で拠点校を築いても、また校長の異動で崩れる。一時は「まるで賽の河原で石ころを積み上げる」ような虚しさを覚えていた。この虚しさは学校改革を推進する者にとって宿命的なものと認識はしていても、やはり賽の河原のような思いはぬぐいきれなかった。

しかし、10年ほど前から事態は一変した。ほとんどの改革の拠点校が、たとえ校長が代わっても改革を持続するようになったのだ。今では、一部の学校を除いて、ひとたび「学びの共同体」づくりの学校改革が実現すると、校長が代わろうとも、どの学校も改革を持続させている。この変化は、いくつもの要因によっている。まず何よりも大きいのは、「学びの共同体」の学校づくりが、広く教育界に認知され、圧倒的に多くの教師や校長の支持を獲得していることにある。「学びの共同体」の学校改革は、方式や形式ではなく「ヴィジョンと哲学」であり、その「活動システム」であるが、それらは多くの校長や教師の改革のイメージとして普及し浸透してきた。さらに、一つひとつの学校が単独に改革を遂行しているのではなく、地域的、全国的なネットワークを形成していることも、それぞれの

提案授業の教室風景

学校改革の持続を容易にしている。今や、この改革のスーパーバイザーは70名近くに達し、それぞれのスーパーバイザーが協力し合って、300校ほどのパイロット・スクールを支え、約3000校が改革に挑戦している。そして改革の方略も洗練されてきた。

私は、学校改革を三つの段階で示している。第一段階は「どの子どもにも対応できる教師になり、学び合う関係によってどの子も学びに参加する段階」である。第二段階は「どの教師にも対応できる子どもに成長する段階」である。これが実現しないと、学びの質の向上は実現できない。すべての教師が子どもの質の高い学びを実現できる学校を求めている限り、学校の改革は夢想に終わるだろう。どんな教師がいたとしても、子どもたちが最高の学びに挑戦し続ける学校にならない限り、学校の改革は最高レベルにいたることはない。第三段階は「どんな校長にも耐えられる学校になる」段階である。これを追求しない限り、学校改革を10年以上持続することは不可能である。学校の改革は緩やかに推進するのが最も効果的であり、質の高い教育を実現するためには、最低でも10年は改革を持続する必要がある。

「学びの共同体」づくりに挑戦している学校約3000校のいくつかは第二段階と第三段階の間で改革を持続しているが、ほとんどは第一段階と第二段階の間で苦闘している。

二、改革の揺らぎ

2011年5月、静岡県富士市の元吉原中学校を訪問した。同校が「学びの共同体」の学校改革に着手したのは9年前である。住民の移動の少ない地域の学校であり、もともと市内の平均レベル以上の安定を続けていた学校である。市内の岳陽中学校の「学びの共同体」の改革を教頭として経験した稲葉義治校長の卓越したリーダーシップによって元吉原中学校は「最も安定した拠点校」の一つとなり、全国の教師がモデルとする学校となった。稲葉校長の改革は、丸山和彦校長、さらに現在の石川誠校長へと継承され、授業と校内研修のいずれもが洗練されてきた。その進展は、私が関わっているどの学校よりも着実であった。いわば順風満帆の9年間であったと言ってよい。その結果、問題行動はほとんどなく、不登校の生徒もほとんど見られない。

最も顕著な学校改革の成果は高い学力レベルである。この5年間の学力調査の結果は、市内でもトップレベルに達し、全国的に見てもトップレベルに達している。特に「B問題」と言われる発展的学力のレベルは著しく高く、全国平均を25%近くも上回っている。記述式の問題においても全国平均が60点とすると、80点以上の高得点をあげている。この成果はもちろん、一人残らず学びに参加する「協同的学び」と高次元の探究的思考を促す「ジャンプのある学び」をすべての授業において導入していることによっている。

しかし、どんなに順風満帆で改革を推進してきた学校においても、何の波風も立たずに改革が持続するわけではない。今回の訪問では、これほど順調に改革が進展している学校においても、質の高い教育を持続するのは並大抵の事柄ではないことを再認識する機会となった。昨年度の訪問においても、多少気がかりになっていたのだが、2年生の学年の生徒たちが、こちらの期待通りには育っていないのである。

いつもの訪問通り、午前中2時間、すべての教室を参観した。2年生の2クラスが、少し荒んでいる。誰も机に突っ伏してはいないし、何とか学びに参加しているし、小グループの学び合いも実現しているのだが、学びに夢中になって専念する姿は見られない。一言で言えば、適当に授業につきあっている。教師が少しでも言葉数を多くすると、すぐに男の子が反応して学びが崩れてゆく。他方、女の子はお客様になり、頭をからっぽにして静かに沈黙している。これでは先の三段階で言えば、第一段階さえも危うい。

三、改善への見通し

一般的に言って、どの学校でも2年生は不安定になりがちである。思春期の最も飛躍的に成長する年齢段階だからだろう。この不安定を乗り切って生徒たちは大きく成長する。その飛躍が、この2年生にも期待できるだろうか。

つぶさに観察してみると、学びが低迷する教室に共通する特徴がいくつも見られる。まず男の子たちが幼い。女の子たちが一歩ひいてしまっている。そして表面的には見えないけれど、決して仲がよいとは言えない。さらに難しいのは、同校の1年生や3年生と比べて、2年生は低学力の生徒が多い。さらに、男の子も女の子も幼いため、教師によってガラリと態度を変えている。生徒を信頼し学び合いを積極的に導入している教師の授業では積極性を見せるが、一斉授業の枠から抜け出せない転任したばかりの教師や言葉の多い教師、そして内容の乏しい授業となると、とたんに思考停止になって、聴いているふりをしてぼんやりと休んでいるか、ざわざわと騒ぎだす。これでは、どこから手をつけていいか、わからない。昼休みに解決策を必死に考えてみたが、妙案は浮かんでこなかった。

午後、2年生の2組において、ベテラン教師の時田茂さんが数学の提案授業を行った。さすが元吉原中学校である。2年生の実態を踏まえて、その授業改革を集中的に検討する必要があることを教師たちは熟知していた。教材は「文字式の活用」、13、14、15、16…と連続する10の数を計算するといくつになるのか。63から始めると、どうか。すぐに小グループの探究に持ち込むと、生徒たちは「5番目の数を10倍にして5を加える方法」と「5番目と6番目の中間値を10倍にする方法」の二つを導き出した。それを確認して、この二つの方法のそれぞれが正しいことを文字式で証明する活動が展開された。

どの教師も参観者も驚いたのだが、この授業における生徒の学びの姿は、午前中の2時間の授業において見せた生徒の姿とはまったく異なっていた。どの生徒も夢中になって探究し、見事な学び合いと思考活動を展開したのだ。参観している私自身も、その変化に驚いてしまった。いったい、これは何を意味しているのだろうか。

子細に観察すると、どの小グループも4人のうち2、3人は、この決して難しいとは言えない問題を解けない状態であった。やはり学力レベルはかなり低い。しかも、男子だけでなく女子の生徒も低学力は深刻であり、さらにコロンビアから来た女子生徒と場面緘黙の女子生徒は数学的思考もコミュニケーションも困難をきわめている。何人かの男子生徒は学ぶことすら精神的にきつい生徒もいれば、授業の後半はほとんど居眠り状態になってしまう生徒もいる。

しかし、その生徒たちも十分な時間を与えて小グループの学び合いを保障すれば、驚くほど細やかに仲間をケアし、わからないことを率直に話し合って、見事なまでに学びの創造を愉しんでいる。この学年の生徒たちのもう一つの特徴は「考え合う」ことが好きなところにある。私は、時田さんの授業によって、やっと解決策を学ぶことができた。やはり、探究的な学び合いの推進しか道はないのだと知る。この例のように、教室の事実から学ぶことは計り知れないほど多い。

東北地方の学校を訪ねて
―復旧と復興への道

一、復旧と復興への道

東日本大震災から4か月、それまで途絶えていた東北地方の学校訪問が再開した。7月第1週は福島県白河市、第2週は青森県階上町、第3週は宮城県富谷町を訪問し、9月には岩手県奥州市、10月には福島県須賀川市の学校を訪問する予定である。これらの市や町は、津波の直接の被災地ではないし、原発事故の避難地域でもない。しかし、いずれも被災地や避難地域に隣接した市と町であり、復旧と復興の拠点となる市と町である。

大震災における死者は1万5641人、行方不明者は5007人（2011年7月27日現在）、今（2011年7月）も10万人もの人々が避難所生活を余儀なくされている。3月11日の午後2時46分、ほとんどの子どもは学校や保育所や幼稚園にいた。せめてもの救いは、そのことで子どもの死者と行方不明者が最小限にくいとめられたことであろう。幼稚園児から大学生までの死者は522人、行方不明者は236人であった。しかし、1万2994の校舎と園舎が、流失、全焼、倒壊、半倒壊、外壁の亀裂などで損傷し、震災直後で1751校が休校措置、415校が地域住民の避難先となった。福島第一原発の事故によって他の都道府県の学校に受け入れられた子どもは1万人を超えている。

被災地における教師たちの対応は迅速であり献身的であった。何よりも逸早く通常の学校教育を開始したことは、子どもたちの何よりものケアとなり、地域の復旧と復興の先駆けとなった。避難所として被災者への対応を行いながら、傷ついた子どもたちを心身ともに守り、教育業務の迅速な再開を実現した教師たちの努力に敬意を捧げたい。学校は地域のコミュニティの中心であり、教師たちはその中心的な担い手である。

教師の仕事は復旧と復興の中心の一つでもあり、それだけに最もリスキーな状況にも立ち会うこととなる。行政の対応の遅れに苛立つ避難所の人々は、つい教師に怒りと憤りをぶつけるし、原発事故の放射能被害を怖れる親たちは、ぶつけようのない不安と不満を学校へと持ち込んでくる。しかも、通常の授業は逸早く再開されたものの、校舎の復旧や避難した子どもたちへの対応は、まったくといってよいほど、進展してはいない。福島第一原発の周辺地域では、3月11日直後の状態が今も続いているし、宮城県で使えなくなった

48の校舎のうち、仮設校舎が一つ着工しているだけで、どの一つの校舎も再建の見通しは立っていない。被災地では仮設住宅の建設が優先され、校舎の再建は後回しにされている（これで地域社会の復興は実現するのだろうか?）。

「原発事故さえ、なかったら」というのが、人々の共通の言葉である。地震と津波の被害は遅まきながらも一日一日と収束へと向かっているが、原発事故の放射能被害は今も続いているし、しかも解決のめどが立っていない。20年以上の解決の見通しなど、想像することも難しい。

二、粛々と授業に向かう

「こういう状況であればこそ、粛々と授業実践に向き合いたい」被災地の教師たちは異口同音に、こう語る。そのとおりだと思う。想像を絶する現実、不透明な見通し、進展しない政治的解決、そういう状況において、教師がなすべきことは専門家としての使命と責任を深く自覚し、その仕事を粛々と進めることだろう。

7月7日、放射能の被害が懸念される福島県白河市の表郷小学校（大山郁校長）の公開研究会に参加した。昨年の白河市教育委員会での講演を受けて、同校では本年度から「学びの共同体」の授業づくりの挑戦が始まっていた。この挑戦は「白河市教員パワーアップ推進事業」の一環として取り組まれている。

白河市は、原発事故直後から放射能被害の恐怖にさらされてきた。事故の翌朝、何も情報が届かない避難所では、空から舞い落ちる粉雪を見て「死の灰が降っている」と騒然としたという。原子炉において冷却が途絶えれば60時間以内にメルトダウンが起こることは多くの教師たちは知っていたから、政府や東電の発表以上に深刻な事態になっていることは明らかだった。

教師たちの予想通り、放射能は市内の土地全体を汚染した。白河市教育委員会は莫大な予算を費やして、すべての学校の校庭の土地を削る措置を施した。1ミリシーベルトを超える校庭は山あいの学校に限られたが、すべての学校の校庭で放射能対策を行うことなしには、保護者の信頼を得ることは不可能だった。現在は給食の食材の確保が課題となっている。これまで白河市は「地産地消」を掲げて、給食の食材はすべて県内の生産物でまかなってきた。しかし、原発事故以降、保護者の強い要望により、食材はすべて県外から調達することとなった。

表郷小学校は白河市の農業地域に位置している。子どもたちのほとんどは農家の子どもたちである。その農業が壊滅的な被害を受けている。どの水田も畑も稲や野菜をつくっているが、どれも売れる見込みはない。賠償だけを頼りに農作業にいそしんでいる人々を見ると、その口惜しさに同情して涙ぐんでしまう。

表郷小学校の授業改革は、大惨事にもかかわらず、着実に進行していた。提案授業を行ったのは6年2組の佐藤康二教諭、国語で「狂言・柿山伏」の授業であったが、素朴な子どもたちの誠実な学びの姿は確かな一歩を示すものだった。

三、再生への展望

その翌週訪問した青森県階上中学校（菅井盛基校長）の「学びの共同体」の授業改革は圧巻だった。同校は、かつて生徒たちの荒れた行動に悩まされてきた。それが見違えるような素晴らしい学校へと変容していた。同校は「一人ひとりの学びを保障する協同学習の追究」をテーマに掲げて4年間の研究を推進していた。

菅井校長の改革のヴィジョンは、秋田県潟上市羽城中学校および岩手県奥州市水沢中学校の訪問によって確かなものとなり、富士市岳陽中学校元校長の佐藤雅彰さんを講師に迎え、平成19年度から「学びの共同体」づくりの改革が推進されてきた。その成果は着実であり、驚異的でさえある。どの教室においても、一人残らず生徒たちが真摯に学びに向か

階上中学校の授業風景

っており、しかも「共有」と「ジャンプ」の小グループの学び合いが、どの授業においても適切に組織されていた。すべての教室を参観し、私は、東北地方に学校改革の揺るぎない拠点校がまた一つ、誕生したことを確信した。この学校の存在によって、青森県の学校改革は徐々に大きなうねりへと進展するだろう。

階上中学校の学校改革の進展は、東北地方の復興の希望である。この日の公開研究会には青森県を中心として、岩手県、福島県、茨城県などの被災地を含む市町村の教育長、教師たちが多数参加していた。誰もが同じ希望を共有したに違いない。教育の改革こそが、そして真摯に学び続ける子どもたちの姿こそが、東北地方の復興の希望なのである。

その翌週に訪問した宮城県富谷町は仙台市に隣接する新興住宅地である。道路沿いの道は植樹が美しく、家々はどれも新しくて、まるでハウジングの展示場がそのまま町になったような景観である。実際、富谷町は東北一の人口急増地域であり、人口増加率は全国5位である。町全体が若い人々の集まりであり、学齢児童の数は人口の半数近くに達する。

3月11日、富谷町の小学校と中学校では卒業式が行われていた。もし午前中に大地震が発生していたら、崩落した体育館の天井の下敷きになって多数の死傷者が出ただろう。幸い、午後2時46分に子どもも教師も保護者も体育館にはいなかった。

富谷町の町営ホールを訪れると、160名の学童保育の子どもたちが「カレー・パーティ」を行っていた。この日から夏休み。子どもたちの快活な姿を見る限り、大震災の惨事は嘘のようである。

この日は富谷町の全教師を対象とする「学びの共同体の授業改革と学校づくり」の講演会。大きなホールは教師たちで満席となった。この講演会を企画したのは菅原教育長である。菅原さんは東北大学の学生時代、同大学に2年間勤めた私の恩師、稲垣忠彦先生（東京大学名誉教授）の教え子である。菅原さんは、小学校長になってからも稲垣先生を何度も講師に招いて授業改革に取り組んできた。その稲垣先生のつながりによって、この講演会は実現した。富谷町の若生町長も15年の教職経験者であり、同町は「教育満足日本一」を町政の中心政策としている。その富谷町の学校改革が、宮城県の教育改革において主導的役割を担おうとしている。

大震災と津波による宮城県の被害は想像を絶するものがある。津波の被害を免れた富谷町の校舎は夏休み中に修復する予定だが、沿岸部の使えなくなった校舎は、いずれも4か月を経た現在も、復旧のめどさえ立っていない。しかも、宮城県の主要産業の一つは水産業であるが、津波により84％もの漁船を失って、経済の復興の展望も開けていない。

この日の講演で私は、教育こそが復旧と復興の要であり、宮城県の最大の課題である経済復興において、長期的に見れば、質の高い教育の創造こそが未来への最大の経済投資であることを伝えた。粛々と授業実践へと向かい、地域共同体の希望の中核となり、子どもの質の高い学びを実現することが、その要諦なのである。

市ぐるみの学校改革の展望

一、改革の主体としての市教育委員会

近年、市教育委員会が主導性を発揮して、市内のすべての小学校・中学校が「学びの共同体」の学校づくりに取り組む地域が増えている。この新たな動きは、分権改革を背景として、今後いっそう強まるだろう。

もともと小中学校は市町村教育委員会の管轄であり、文部科学省や都道府県教育委員会よりも、市町村教育委員会が学校改革の主導性を発揮し、教師の自律性を強化して創造性を促すべきである。分権改革が推進されている今日ではなおさらである。しかし、日本の分権改革は、文部科学省の権限や権力を脱中心化しながらも、学校と教師はいっそう自律性と創造性を限定されるという逆説的な結果をもたらしてきた。その一つの要因は、権限

や権力そして財源も、都道府県の首長のもとへ委譲され、学校と教師に直接的な責任を負う市町村教育委員会の権限や権力や財源がむしろ弱体化しているところにある。市町村合併による教育行政の広域化が、この傾向をいっそう助長している。分権改革のこの逆説的な結果に抗して、学校と教師の自律性と創造性を強める改革をどのように推進したらよいのだろうか。その回答の一つが、市町村教育委員会を主体とする学校改革運動である。

実際、市町村教育委員会が主導的に学校改革を推進している地域においては、文部科学省の教育政策よりも市町村教育委員会の教育政策の方がはるかに重要である。分権改革が推進されている今日の教育政策の闘いの中心舞台は、市町村教育委員会にある。今日の教育行政の特徴を一般化して言えば、市町村教育委員会が最も革新的で、都道府県教育委員会が最も保守的であり、文部科学省がその中間に位置している。また、市町村の地域の特徴を一般化して言えば、教育長が最も革新的で、校長会が最も保守的であり、教師たちはその中間に位置している。この政治的構造は、もちろん地域によって異なるが、多くの地域はそのような一般的特徴を示していると言ってよい。

分権改革が教育改革の基調となった１９９０年代半ば以降、私は、市町村教育委員会を単位とする学校改革を、政府もしくは文部科学省の推進する教育改革と同等、あるいはそれ以上に重要なものと見なしてきた。「学びの共同体」の学校改革を、市町村の教育長と教育委員会の支援によって推進してきたのは、その理由による。事実、学校改革は内側からの改革によってでしか実現できないが、その改革が持続し発展するためには地域の支援と並んで市町村の教育長と教育委員会の支援が不可欠である。

二、改革を市民と共有すること

市ぐるみの「学びの共同体」の学校改革の事例をいくつか紹介しよう。茨城県牛久市の「学びの共同体」の学校改革はその典型の一つである。牛久市には八つの小学校と五つの中学校がある。そのすべての学校で「学びの共同体」の学校改革が着手されて4年になる。学校改革の契機となったのは、淀川ゆき教育長がNHK「クローズアップ現代」において学力の「10歳の壁」の存在とその実践的解決を特集した番組を視聴して感銘し、「学びの共同体」の学校改革を市全体の改革のヴィジョンとして提起したことにある。

茨城県においては、すでに石岡市の柿岡中学校が岩本泰則校長のもとで「学びの共同体」の画期的な成果をあげていたし、牛久市に隣接するつくば市においても、牛久市で校長経験を有する根本光子校長のもとで並木小学校が確実な成果をあげていた。この二つの学校がパイロット・スクールとなり、牛久市の小学校、中学校のすべてで「学びの共同体」の授業改革と学校改革が進展した。市全体の改革を支援したのは、岩本元校長、根本元校長をはじめ、北田佳子さん（富山大学）や杉山二季さんや村瀬公胤さんなどのスーパーバイザーである。

改革の成果は顕著であった。まず荒れた中学校が市内から消滅した。それに伴って問題行動は激減し、不登校の生徒もその多くが学校に通うようになる。何よりも教師と保護者を驚かせているのは、どの教室でも突っ伏したりおしゃべりに興じる生徒は一人もおらず、すべての子どもたちが授業に参加して学び合うようになったことである。これらは「信じられない変化」であった。誰一人問題行動を起こさず誰一人として授業に積極的に参加しない生徒はいないという市は、全国でも牛久市だけだろう。

学力の向上は顕著であった。もともと牛久市の小学校、中学校の学力レベルは全国平均レベルであったが、「学びの共同体」の授業改革により、白紙答案はほとんどなくなり、発展的問題において全国平均を20ポイント近くも上回る結果となった。その水準は全国的にみてトップレベルに相当する。牛久市に隣接するつくば市の小学校、中学校の学力水準は全国のトップに位置しているが、つくば市は保護者が大学教授もしくは研究所の研究員が他の地域と比べて著しく多い地域である。牛久市にはそのような特徴は見られず、ごく一般的な地域と言ってよいだろう。その牛久市において、つくば市に肉迫する学力水準を達成した。もちろん、その秘密は「協同的な学び」にあり、「ジャンプのある学び」をどの学校においても効果的に組織したことにある。

これらの「学びの共同体」の授業改革の画期的成功は、近隣のどの学校の教師たちを驚かせただけではない。元ジャーナリストの市議会議員が、市内の学校が劇的に改善された歩みと学力水準が全国的にみてトップレベルに迫るところまで上昇したことを広報で知らせることで、校長や教師たちを支援する活動を展開した。学校が改革し改善されても、そのことが市民に知られるのは、そう容易ではない。授業の改革はなおさらである。市会議員を中心とする学校改革の広報活動は、改革を推進する校長や教師たちにとってありがたい応援であった。

この市議の提唱によって、2011年8月19日、市の生涯学習センター文化ホールにおいて市内のすべての小中学校の教師たちと市民の有志が集う講演会とシンポジウムが開催された。主催は牛久市教育委員会である。このシンポジウムには市内外の教師と市民約500名が参加した。そして、この講演会とシンポジウムには、講演者として私、シンポジストとして牛久市長・池辺勝幸氏が招待された。この研究集会では下根中学校の実践報告も行われ、同市の学校改革のこれまでの成果を確認し、これからの展望を語り合う絶好の機会となった。この研究集会のシンポジウムのタイトルは「学びの共同体のまち牛久」

である。司会を務めた市議は市長に「学びの共同体のまち牛久」の宣言を期待していた。

シンポジウムの最後に司会の市議は私と市長に同じ質問をした。「今、牛久市の小中学校はすべての学校で『学びの共同体』の改革を推進して画期的成果をあげている。しかし、政治の変化などで、いつこの改革のうねりが途絶えるか、わからない。どうすればその事態を避けられるのか」という質問である。この質問に対して、私は「崩れるときは崩れてもいい。もしこの改革が生命力があって根をはっていたら、新たな改革がそこから芽生えていくだろう」と答えた。池辺市長の回答は異なっていた。「学びの共同体の学校改革を10年以上持続することは政治的に不可能ではない。議会で条例を定めればいい」と。この回答の応酬に会場は大笑いとなり、大いに盛り上がった。

三、改革の展望

市町村教育委員会の主導によって、すべての学校が改革に取り組むとき、いつも気をつけることがある。確かな拠点校をつくることを地域全体の取り組みの大前提とすることである。市町村単位の学校改革は、それぞれの学校の内側からの改革の連帯によって成功へと導くことができる。市町村教育委員会の一方的なトップダウンの方式で推進しても改革

水沢小学校の教室風景

は成功することはない。しかし、同時に、地域全体の学校改革をすべてボトムアップで推進することは不可能である。トップダウンとボトムアップを二項対立的に考える枠組みは克服しなければならない。「トップダウンとボトムアップの統合」の道が模索されなければならない。その条件が確かな拠点校の存在である。

岩手県の奥州市でも市全体の小学校、中学校を「学びの共同体」づくりで改革する取り組みが昨年から展開されている。奥州市では4年前から水沢中学校が「学びの共同体」の学校改革を推進し、画期的な成果をあげている。この改革を推進した佐藤孝守校長が、2010年から教育長に就任し、市全体の学校改革が開始された。佐藤教育長は、焦らず一つひとつの拠点校を築くことを追求している。中学校はすでに水沢中学校が安定した展開をとげている。それをモデルとして多くの学校が「学びの共同体」の授業改革を開始している。

奥州市にまず必要なのは小学校の改革の拠点校である。その改革を受けて立ったのが、水沢小学校（高橋昌男校長）であった。その水沢小学校で2011年9月1日、「学びの共同体」の第1回の拡大校内研究会が開催された。同校は「浜之郷小学校」の研修スタイルを導入し、一人ひとりの教師が研究テーマを定めて「学び合い」の授業づくりを展開していた。4月から出発したというのに、どの教室でもすでに学び合いが洗練されつつあり、どの教師もすでに「協同的学び」を中心とする授業スタイルを自然体で形成しつつある。奥州市に見られるように、拠点校の形成こそが、教育長や市町村の教育委員会が推進する地域全体の学校改革の基礎におかれなければならない。

他校を参観することの大切さ

一、学校を変える難しさ

逆説的なようだが、学校を変える最も重要な条件は、学校を変える難しさを知り尽くすことだろう。教師と協同して学校を内側から改革する挑戦を始めて32年になる。訪問した学校は2500校を数えるが、初めの10年間に訪問した1000校以上では1校も成功せず、失敗続きだった。もちろん部分的には成功したが、一人残らず子どもの学ぶ権利を実現し、一人残らず教師が成長する学校をつくることはできなかった。なかには成功を実感する学校も少なからずあったが、数年もするとそれらの学校の改革は消滅していた。学校を改革することは、一般の人々や教師が想定している以上に困難な事業なのである。その困難と辛酸を知り尽くしたところから、学校改革の可能性は開かれるのである。

授業の改革も同様である。授業は、一般の人々が想定している以上に、そして教師や教育研究者が想定している以上に、高度に複雑で複合的で知性的な実践である。ここでも同様の逆説を語らねばならない。授業の改革を達成する条件は、授業が高度に複雑で複合的で知性的であることを熟知し、その改革の難しさを知り尽くすことである。そこから改革の可能性が開かれてゆく。

これまでの経験を振り返って思う。学校を改革し教師の意識を変革して授業が変わるのではない。逆である。授業を変えて教師が変わり、教師が変わって学校が変わってゆく。その筋道は決して平坦ではなく、多大なエネルギーと手間暇と叡智を必要としているが、この筋道をたどる以外に学校を改革する有効な方法はない。学校は内側からしか変わらない。そして、その内側からの改革は外から支えられないと持続しない。さらに言えば、校長や教師がどんなにがんばっても学校は変わらない。子どもたちと共に改革を実行しなければ、そして、子どもたちと共に実行する改革を保護者や市民と連帯し協力して遂行しなければ、学校改革を成功に導くことはできない。これらは、数限りない失敗の辛酸から学び取った私の教訓である。そして、「学びの共同体」の改革は、その経験と研究と教訓から捻出した学校改革のヴィジョンであり、哲学であり、活動システムである。

学校を変えることの難しさと授業を変えることの難しさを熟知することによって私は、

日々、子どもと共に授業を変え、校内に教育の専門家として学び育ち合う同僚性を築き、保護者や市民と連帯して学校を改革する実践に挑戦している校長や教師たちや教育行政の方々を尊敬し、敬愛し、信頼することを学んだ。さらに、その改革を支援したいと願い、教育研究者の責務としてその末端に参加してきた。そこで学んだ知恵はどんな書物よりも篤く、そこで享受した幸福はどんな快楽よりも豊穣である。

二、変わる学校のダイナミクス

学校の改革は困難な事業であるが、その一方で、学校が変わるときは私の期待以上の進展をとげることが多い。２０１1年9月に訪問した12校の学校は、いずれも私の想定を超える前進を示していて感動することが多かった。その一つの例を岡山と倉敷の学校への訪問で示しておこう。

率直に言って、これまで岡山県の学校の訪問については重い印象を抱き続けてきた。授業が保守的で古くさいのである。そういう印象をぬぐえない県は、他にも五つも六つもあるが、岡山県はその一つである。

机が前に向かって整然と並べられ、教師が一方的に教科書に書いてある内容をくどくどしく説明し発問している教室を参観すると、そしてその授業に一片の疑いも抱いていない教師の姿を見ると、「もはやそんな授業は博物館の化石だよ」と言いたくもなるし、その授業によって学びを奪われ低められている子どもの姿を見ると暗澹たる気持ちに陥ってしまう。その焦りや憤りを胸に秘めて、教師を傷つけることなく授業の改善に少しでも貢献したいと尽力すると、その一日はストレスと疲労の極限状態を体験することとなる。もちろん、その苦しい体験からだって学ぶことは多いのだけれども、年をとったせいか、これでは自分の身がもたないと思うことも多くなった。

ところが、9月に訪問した岡山市の芥子山小学校、財前小学校、倉敷市の児島小学校、琴浦南小学校の授業づくりと学校改革は、これまで私が抱いていた岡山県の学校に対する偏見に深い反省を迫るものとなった。特に、琴浦南小学校の授業は、もともと素晴らしい成果をあげていたが、どの教室もさらに洗練され「全国トップレベル」と言ってよいほど改善されていた。いったい、何がこれほどの進展をこれらの学校にもたらしたのだろうか。

芥子山小学校は、児童数が約1100名、教師の数も60名を超える大規模校である。近藤弘行校長は前任の財前小学校で「学びの共同体」の改革を推進した経験をもち、2010年度から協同的学びによる授業改革に着手してきた。2010年、同校を初めて訪問したときは、ほとんどの教室で授業の様式が古いのと教育内容のレベルが低いのに愕然とし、「ああ、やはり岡山県の学校だ」という暗澹たる気持ちに押しつぶされそうになった。教師を責めるわけにはいかないが、しかし、教師たちにはその現実を少しでも認識してほしいと願って、率直に私の感じたままを伝えることにした。見ず知らずの人間がいきなり失礼千万な事柄を伝えるのはつらくもあったが、勇気をもって慎重に言葉を選びながら、この県の重い現実を切り開く学校になってほしいという願いとして語ったのを覚えている。その切なる願いを近藤校長をはじめ、同校の教師たちは真っ正面から受け止めてくれたのだ。

今年訪問した芥子山小学校の教室は、どの教室も、コの字型の机の配置もしくは男女混合4人グループの机の配置に変えられ、グループ学習（低学年はペア学習）が随所に導入されて、一人残らず子どもたちが学びに夢中に参加する状況が生まれていた。まだ「ジャンプのある学び」が十分とは言えないし、教科の本質に即した「真正の学び」がどの教室にも実現しているとは言えないが、その兆しはどの教室にも見受けられ、教師も子どもも穏やかで柔らかな声とふるまいに変化していた。驚くべき前進である。

教室の参観を終えて、昨年度、私の焦りから「岡山県の授業の古さ」という偏見で不遜な言葉で「講評」を行った自分を恥じた。昨年度も、同校は緩やかに改革を進展させていたに違いない。その成果が、今年の訪問で感嘆した改革の前進を生み出したのである。そういえば、近藤校長は、私の要望通り「焦ることなくゆっくりと改革を進めるのが成功の鍵」と昨年度も語っていた。そのとおりなのである。近藤校長のじっくりと腰をすえて教師一人ひとりの授業改革を支援する実践が、これだけの着実で画期的な改善を現実のものとしたのである。

三、改革の拠点校の役割

翌日訪問した倉敷市の児島小学校でも同様の体験をした。昨年度（２０１０年度）、初めて児島小学校を訪問した際、私はその授業の様式の古さに重々しい印象を抱いていた。子どもの声も教師の声も甲高く、その甲高い声が学びが実現していない現実を象徴しているように思われた。そこでもつらい思いを改善への切なる願いとして、率直に教師たちに語った。しかし、今年訪問した同校は、まるで別の学校のように変容していた。どの教室も机の配置が変わり、ペア学習（低学年）とグループ学習（３学年以上）が有効に導入され、しかも「ジャンプのある学び」が追求されていた。その結果、学校全体が静かで穏やかな空気に包まれ、子どもたちがおっとりとしてきただけでなく、若い教師たちをはじめ一人ひとりの教師が細やかで丁寧な授業づくりに専念していた。何よりも三宅俊行校長を

琴浦南小学校の教室風景

はじめ、教師たちが授業の改革を喜び合い、笑顔で接し合うさわやかな同僚性が築かれているのが嬉しい。

芥子山小学校にせよ、児島小学校にせよ、学校改革の成功はスーパーバイザーである秋山芳郎さん（元財前小学校長）と藤原良一さん（元琴浦南小学校長、前児島小学校長）の粘り強い支援によるところが大きい。藤原さんは児島小学校の前校長として改革の基盤を築いてきたし、秋山さんは「学びの会」を組織して教師たちの授業づくりを支援し、同校を訪問して三宅校長の推進する改革を支援してきた。

同日の午後、同じ倉敷市の琴浦南小学校を訪問し、その授業改革の素晴らしさに驚嘆した。琴浦南小学校は、平成18年度、藤原校長のもとで「学びの共同体」の授業改革に着手した。その挑戦は藤原校長の児島小学校への転勤によって塩田大悟校長へと継承され、塩田校長のもとで開花した。そして昨年度から塩尻順子校長のもとで、さらに洗練され発展したのである。授業のスタイルにおいても、子どもの学びの質においても、そして教師たちの専門家としての成長においても、同校は「全国トップレベル」に達している。特に、素晴らしいのは教師が椅子一つに座って構成する子どもたちの協同的学びの場と関係である。この学校の訪問においても、私は一つの反省を迫られた。同校は改革の中心となった教師たちが年々異動した。そのことから、私は、いったん停滞することを覚悟し、さらなる飛躍が生まれることを予測していなかったのである。改革を推進する力は、私の省察したところを超えたところにあった。もっともっと子どもたちと教師たちの潜在的な可能性を省察する力を身につけなければと思う。

改革の拠点校が一つ地域に生まれると、その地域のすべての学校が緩やかに変わってゆく。これからの岡山市と倉敷市の改革の進展を希望をもって見守りたい。

子どもと教師と保護者が主人公の学校を訪ねて

一、理想の実現

2011年12月8日、千葉県八千代市立睦中学校の公開研究会に参加した。睦中学校は、今なお人柄に素朴さが残る地域に位置している。生徒数は約160名、教師は15名という小規模の中学校である。この平均的な学校が、今、どの中学校にもまして輝いている。この日、公開研究会に参加した人々は、まぶしいほど輝いて学び合う生徒たちの姿に驚嘆し、その美しさに感激の涙を流した。

「学びの共同体」を導入した中学校では、どの学校でも一人残らず生徒が学びに参加する風景を見ることができるが、睦中学校の生徒の学びへの参加は、他の学校よりも頭一つ、高いレベルに到達している。何によって、それが実現しているのか。全教室の1時間の参観では、私にはつかめなかった。ともかく生徒の言葉や身体が柔らかく、しかも探究的学びに没頭している姿がすごいのである。どうすれば、これほど真摯に謙虚に、しかも心を砕き合って夢中になって学び合う生徒が育つのだろうか。

公開研究会に参加した誰もが抱いたこの感動と問いは、体育館で行われた全校生徒による「歌声・対話集会」において頂点に達した。生徒たちの合唱の声の素晴らしいこと。抑制のきいた控えめな声で、言葉のイメージの広がりと音の柔らかさを響き合わせる生徒たちの歌声は、これまでどの学校で聴いた合唱よりも美しかった。その感動の深さは、この日参観した教師たち約300名のほとんどが、「歌声・対話集会」において感涙の表情を示していたことからも明らかである。

合唱もさることながら、全校生徒がコの字に座って進められた「対話集会」もレベルの高いものであった。「対話集会」はまだ3回目であるというのに、生徒たちの代表によるテーマ設定と進行によって、次から次へと途絶えることなく自主的に発言があいつぎ、しかも、一つひとつの発言が参加者一人ひとりの心の襞に触れ、その波紋から別の生徒によってまた新しい言葉が生み出されるという、華麗な織物を織るように対話がつながってゆく展開は圧巻であった。この日、進行役の生徒が選んだテーマは、「人はなぜ歌うのか」という哲学的テーマであった。校内の合唱祭を終えたばかりであり、毎日、朝から夕方ま

合唱する生徒たち

で、校舎のあちこちで合唱の声が響いていた。これほど生徒たちが歌を愛し、いつもどこかで歌声が響いている学校は、これまで経験したことがない。何かの本に中世ヨーロッパの教会は、いつも修道士たちが聖書を音読するつぶやきと聖歌を合唱する歌声で包まれていたと記されていたが、睦中学校は中世の教会のような「つぶやきと歌声の共同体」である。

「人はなぜ歌うのか」「わたしはなぜ歌うのか」を対話する生徒たちの姿を見て、私は、アメリカの「学びの共同体」の学校やデモクラティック・スクールを訪問したとき、同じ光景に何度も遭遇したことを思い起こしていた。アメリカでは、このような「対話集会」を「タウンミーティング」と呼んでいた。アメリカの民主主義は、コミュニティのメンバー全員が参加し審議し合う「タウンミーティング」を原点として発展してきた。タウンミーティングこそが、民主主義の共同体の核心にあるのである。「人はなぜ歌うのか」を哲学的に対話しながら生徒たちは一人ひとりが学校の主人公であることを確かめ合い、一人ひとりの心が合唱のように響き合いつながりあう共同体を創造しているのである。

二、授業と学びの洗練

最初の問いにもどろう。睦中学校は、どのようにして、このような学校へと変容することができたのだろうか。

睦中学校における「学びの共同体」の学校づくりは、4年前、田辺前校長によって開始された。現校長の武森公夫さんが、7年前に市内の阿蘇中学校で実践した「学びの共同体」に田辺前校長が深く感銘し、改革に着手したのである。そして3年前、その武森校長が阿蘇中学校の校長から睦中学校の校長に転任すると、改革は加速度的に進展した。

武森校長が睦中学校の前に4年勤めた阿蘇中学校は、かつては市内で最も困難な学校であった。私が武森校長と出会ったのも、7年前、武森校長に阿蘇中学校の改革の支援を依頼されたときである。7年前の阿蘇中学校は、パトカーが玄関に常駐している学校であり、生徒の学力レベルは、これまで訪問した学校の中で最低と思われるほど深刻だった。その困難な学校を、武森校長は4年間でみごとに改革した。私たちは武森さんのマジックのような指導力を「武森ワールド」と呼んでいるのだが、阿蘇中学校の奇跡的改革も睦中学校の理想的改革も、「武森ワールド」のエンジン全開の成果にほかならない。もっとも武森さんご自身は、学校のめざましい変容と生徒たちの成長は、学びが人を変える根源的な可能性と学びの実践の可能性の結実したものと言っている。「いやあ、佐藤先生、学びの実践の可能性はすごいですよ。『出会いと対話が学び』というのは、すごく深い哲学ですね」と。しかし、私から言わせると、このロマンと情熱こそが「武森ワールド」なのである。

公開研究会の午後は、二つの提案授業(「焦点授業」と同校は呼ぶ)とこの二つの授業をめぐる協議会がもたれた。提案授業は、児玉健司さんの「奥の細道」の「平泉」の章の授業(3年B組)と、塩田明子さんの「花の街」(團伊玖磨作曲)の合唱の授業(3年A組)であった。いずれの教室の生徒たちも、3年間を通じて「学びの共同体」で育った子どもたちであり、いずれの教師も4年間、同校で「学びの共同体」の改革に専念してきた教師たちである。いつもどおりの自然体のゆったりとした展開であったが、教師の授業も生徒の学び合いも洗練されていた。特に、誰もが歌が大好きな同校の生徒たちが、「花の街」

の三番を二番までとの対比でどう歌うかにグループごとに挑戦した合唱の授業は、その声と響きの美しさで参観者の感動を誘った。

三、成功の秘密＝哲学と連帯

睦中学校の公開研究会に一日参加して、驚異的な成功の秘密の一端に触れることができた。同校は「学びの共同体」の学校改革のヴィジョンと哲学と活動システムを最も実直に実践してきた学校である。武森校長は、同校の実践を「聴（訊）きあい、つなぎあい、学びあう」と表現している。

武森さんは阿蘇中学校で「学びの共同体」づくりを4年間取り組んだ経験から、多くのことを学んでいた。そのすべての知見と叡智が睦中学校の改革に注ぎ込まれた。事実、睦中学校における学校づくりは徹底していた。学びの質を高めるために、教師たちは一人ひとり個人研究のテーマをもって研修に取り組み、一人あたり年間10回以上も授業を提案し、学年会と全体会を合わせて一年に総計100回以上の授業協議会が開かれた。さらに校長も教頭も提案授業を行うことによって校内の同僚性は親密で対等なものとなった。

2011年、睦中学校の教師たちが共通して挑戦した課題は「真正の学び」（authentic

learning）の実現であった。「真正の学び」とは、教科の本質に即した学びを意味している。数学の学びと文学の学びは異なっている。教科の本質に即した学びを実現しない限り「質の高い学び」とは言えない。今、日本中の学校で「学び合い」が追求されているが、その多くは「学び」のない「話し合い」に終始している。「学び」は、「学び合う関係」と「真正の学び」と「ジャンプのある学び」の三つの要素によって成立する。「学び合う関係」づくりだけが追求され、「真正の学び」と「ジャンプのある学び」が追求されないならば「学び」のない「話し合い」に陥ってしまう。この要諦を睦中学校の教師たちは的確に理解して、授業改革に取り組んでいる。そこに同校の成功の秘密の一つがある。

さらに、睦中学校の「学びの共同体」の学校づくりは、地域の保護者や市民のアクティブな参加と連帯によるコミュニティづくりと連動している。ここにも秘密の一つがある。武森さんは、地域の保護者と市民に呼びかけ、大人も生徒と共に学び合う「学友会」を組織した。この日の公開研究会にも学友会の人々が30名以上招待され、来賓席に座っていた。今年の夏休み、武森さんと学友会の人々は、シンガポールで斎藤英介さん（シンガポール国立教育研究所准教授）が協同している「学びの共同体」のパイロット・スクール、ヒルグローブ中学校の訪問を企画した。生徒と保護者がシンガポールの学校を訪問し、1週間ホームステイで滞在して国際交流を行う企画である。この企画に生徒の19人が参加し、教師と保護者を含む14人の大人が同行して「学びの共同体」の国際交流を実現させた。２０１２年にはヒルグローブ中学校の生徒と教師と保護者が睦中学校を訪問することになっている。このように「武森ワールド」は夢を次から次へと実現させるワンダーランドである。

睦中学校の「学びの共同体」の一つの特徴は、生徒が一人残らず活動的、協同的、反省的に学ぶ共同体が学校全体で築かれ、生徒も教師も保護者も「主人公」(protagonist) になって改革を推進する民主主義の共同体が実現していることにある。その秘密は、武森さんの立ち振る舞いにある。武森さんは、いつも相手を主人公にする役割を演じている。生徒と教師と保護者と市民が主人公を演ずる舞台を準備し、彼ら一人ひとりが主人公になるシナリオを描きドラマを演出する「舞台監督」として武森さんは行動している。

公開研究会の終了後、武森さんと夕食をとって歓談した。彼は「学びの共同体は公立学校のミッションです。そのミッションを実現できることは教師として至上の幸福です」と熱を込めて語っていた。ここにも「武森ワールド」の秘密が示されている。

学びの共同体の現在
―15年目の浜之郷小学校

一、浜之郷の現在

神奈川県茅ヶ崎市立浜之郷小学校(加藤清校長)は創立15周年を迎えようとしており、「第二の黄金期」を迎えている。何と平均年齢が31歳という若い教師たちによってである。浜之郷小学校は、1998年に「21世紀型の学校=学びの共同体」のパイロット・スクールとして茅ヶ崎市教育委員会によって創設された。同校の創設は全国各地の学校改革の奔流を導き、現在「学びの共同体」を標榜して改革に挑戦している学校は、小学校で約1500校、中学校で約2000校、高校で約300校に達している。「学びの共同体」のホームページを開くと、毎日3校から5校のパイロット・スクールが公開研究会を全国各地で開催しているから、1年で1000回を超える公開研究会が約300校のパイロット・スクールにおいて開催されていることになる。私自身、毎年1000校を超える学校から訪問の依頼を受けてきた。そのうち訪問できる学校は1割にも満たない。したがって、約70人のスーパーバイザーが組織され、この爆発的な改革のネットワークをつないでいる。

この改革運動の原点は浜之郷小学校にある。2011年11月28日、浜之郷小学校は、14回目の公開研究会を開催した。創設当初は、毎月の校内研究会には200名以上、毎年の公開研究会には1000名近くの参観者が殺到したが、現在は、毎月の研究会は約60名、毎年の公開研究会は約300名程度、夏に同校主催で開催される「湘南セミナー」は約150名に制限している。通算すると、のべ数万人の教師たちが同校を訪問したことになる。何が、それほど多くの参観者を同校へと誘っているのだろうか。

私自身、創設以来、毎年5回のペースで同校を訪問し、教師たちと協同して改革を推進してきた。その私にとっても、浜之郷小学校への訪問は、他のパイロット・スクールへの訪問と比べても、一回一回が魅惑的な経験になっている。

まず、子どもたちの日常の姿が素晴らしい。これほど素朴で細やかで自然体で伸びやかに学び生活している子どもたちの姿は、他の学校には見られない。この日の公開研究会には、世界授業研究学会（ＷＡＬＳ）の参加者が世界各国から70名ほど参加していたが、どの参加者も、子どもたちの行動の柔らかさと関わりの繊細さには驚嘆していた。いったい、なぜ、浜之郷小学校の子どもたちは、これほど柔らかく自然体で細やかなのか。その秘密は二つある。

一つは、子ども一人ひとりの尊厳が大切にされ、教師たちが細やかに丁寧に子どもたちに接しているからである。誰からも存在を認められ安心して学び合える環境が、これほど子どもたちの心身を柔らかくし細やかにするのである。もう一つの秘密は、子どもたち相互の関わりにある。授業の中で育まれた聴き合う関わり、応答し合う関わり、学び合う関わりが、ケアの共同体と学びの共同体を一体のものとして成立させている。

二、伝統と創造

子どもの日常の立ち居振る舞いや教室の学び合いを見ていると、やはり15年にわたる積み上げの意味は大きい。子どもたちと親たちは6年ごとに代わり、教師たちも5年から8年で代わってきたが、改革の伝統は、子どもたちの中にも教師たちの中にも脈々と受け継がれてきた。数年前から、茅ヶ崎市では教師の世代交代が急激に進み、浜之郷小学校も校長や教頭や教務主任を含めても平均年齢が30歳前半という状況に突入した。同校は、23学級の大規模校であるが、そのうち3分の2は新任5年目以下の教師が担任している。同校

藤森さんの文学の授業風景

ほど若い教師たちが多数を占める学校は他にないのではないだろうか。それでも第一級の授業実践を展開しているから素晴らしい。

この日の公開研究会においても、２人の若い教師が第一級の授業実践を公開した。藤森道子さんの「わら靴の中の神様」（５年１組）と中島信生さんの図工の授業（３年１組）である。私は、藤森さんの授業を参観したのだが、これまで「わら靴の中の神様」の授業は50を超える授業を参観してきたが、どの授業事例よりも、子どもたちがテキストの言葉を大切にし、言葉と言葉のつながりを豊かに見いだし、しかも多様な解釈をすり合わせて読みの快楽を生み出していた。参観者の多くが語ったように「圧巻」の授業であった。何よりも、子ども一人ひとりの学びの姿が素晴らしい。

　中島さんについては、同校に赴任して以来、専門としている美術教育を創造的に展開し、同校全体のアートの学びの質を高めることに貢献してきた。

　浜之郷小学校は、カリキュラムを「言葉の教育」「探究の教育」「アートの教育」「市民性の教育」の四つの文化領域において構造化し、そのバランスのとれた教育を追求してきた。そのうち、この数年間の実践において、めざましい発展をとげたのが「アートの教育」である。その中心に中島さんがいる。

　同校を訪問した人々は、どの教室においても、さまざまな技法を駆使した美術表現の素晴らしい作品群に驚かされただろう。中島さんが相談役となって、どの学年においても教師たちが独自のアイデアと洗練された技法を導入して子どもたちの絵画や粘土の表現の質を高めてきたのである。同校は、もともと合唱の表現において定評を得ていたが、それに美術表現の質の高い学びが加わった。おそらく、浜之郷小学校に特徴的なしなやかで細やかな子どもたちの振る舞いと感性と思考は、この「アートの教育」によって育っているに違いない。

　若い教師たちが、どの学校にもひけをとらない高いレベルの学びを実現している秘密は、校内研修によって築かれた授業研究の質の高さと同僚性のレベルの高さにある。同校では、校内と学年と二つのレベルで、年間100回以上の授業の事例研究を行ってきた。2011年度も、4月の新学期開始から11月28日の公開研究会の日までに、174回の授業協議会が開催されていた。

これほどの授業協議会を重ねながらも、浜之郷小学校は、いわゆる「研究熱心な学校」ではない。教師たちは、通常、定刻の5時には仕事を終了しているし、実にゆったりと学校生活をおくっている。会議は月に1回の職員会議があるだけであり、校務分掌の会議はなく、雑務は最小限に抑えられている。授業づくりと授業研究に専念できるシステムができあがっているのである。この伝統も、創設以来、変化していない。

三、明日への展望

同校を訪問するたびに、職員室の雰囲気が他校とまったく違うのに驚かされる。何度訪問しても、職員室の風景は新鮮である。まず学年ごとに四つの机が一つのテーブルのように並べられ、どの学年のテーブルの上にもほとんどモノが置かれていない。筆立てと簡単な文具が少し置いてあるだけである。どの学校の職員室でも、一人ひとりの机の上にはたくさんの本や資料がありパソコンと本棚が相互の視線を遮っているものだが、そういう風景と浜之郷小学校の職員室の風景は対照的である。学年ごとの同僚性が、職員室の机の配置とその空間に表現されている。したがって、同校の教師たちは、一日中、学年の子どもについて語り合い、教材について語り合い、授業について語り合っている。開かれた人間関係の中で、自然な学び合いと育ち合いが実現しているのである。

授業協議会の一人ひとりの発言は、どの学校の授業協議会よりも子どもの学びを具体的かつ的確に捉えており、教材の難しさや教材の魅力についても生き生きと語り合い、さらに授業者の個性や願いを尊重し配慮した学び合いが実現している。若い教師たちであるから、教室での授業実践においては未熟なところは含まれているが、授業研究においてはベテランに負けないだけの質の高さを実現してきた。

その成果の一つが教材研究の発展である。「真正の学び」(authentic learning) の追求が、この数年の浜之郷小学校の授業実践の質の向上を導いてきたと思う。文学の授業において、もはや「気持ち」を尋ねたり、「なぜ？」と発問する教師はいない。文学や詩の鑑賞で「主題追求」や「課題解決」を追求する教師もいないし、テキストの言葉をぞんざいに扱う教師もいない。算数の授業で「数学的推論」を目的としていない教師はいないし、数々の浜之郷方式とも呼べる教材も開発してきた。たとえば、「くり上がり」よりも「くり下がり」の方を先に教えている。その方が10進法の理解が深まり、後に計算間違いをする子どもが激減するからである。九九を教える前に「ダース」の計算を行っている。そうしないと子どもはかけ算を「累加」としか考えず、「一当たり量」の概念が育たず、ひいては割り算、分数、比でつまずいてしまうからである。

「言葉」「探究」「アート」「市民性」のそれぞれの領域で「真正の学び」の実践が積み上げられてきた。これら若い教師たちの質の高い教材研究と授業研究を支えている加藤校長をはじめとするベテラン教師の役割は大きい。そこには専門家文化の世代継承の典型が見られる。

同校の教師たちは、一人ひとりが個人テーマをもって研究している。その成果である研究誌『学びあう学びを求めて—授業をひらき、授業をかえる』（年報）は、年ごとに充実してきた。私は、この年報を読んで、その質の高さに圧倒されてしまった。これが、若い教師たちの研究なのだろうかと。浜之郷小学校に限らず、若い教師たちが学び育ち合う学校の可能性は、とてつもなく大きい。そこに日本の学校の未来への希望を見いだすことができる。

〈初出〉
『総合教育技術』（小学館）２００９年４月号〜２０１２年３月号

補章

追悼・稲垣忠彦先生の授業研究

一、急逝の哀しみ

2011年8月18日、稲垣忠彦先生（信濃教育会教育研究所長、東京大学名誉教授）が逝去された。79歳であった。私が先生の容体急変による入院の知らせを受けて病院に赴いたのは7月16日であった。信じられないほど、お元気で活躍されていたのに、すでに先生の余命は1か月という状態であった。危篤の知らせを受けたのは8月16日、韓国における「学びの共同体」の研究大会の最中であった。「最後に会いたい」というメッセージを受け取り、翌17日の夜、先生の病床に駆けつけた。先生は、手を握りしめて「いっぱい、いっぱい、話したなぁ」と笑って語られ、「授業研究が世界に広がってよかったなぁ」と語られた。「先生の授業研究が世界に広がったのですよ」とお応えしたのだが、私が最後の面談者となった。先生の病床の枕元には書きかけの論文のメモが散乱していた。最後の最後まで、先生は、授業研究の発展と教師の成長を一途に願う教育者であった。

稲垣先生を失って2か月以上を経た今も、「やあ、稲垣です」という声が玄関先で聞こえたり、駅の雑踏の中で聞こえてくる。私だけではないだろう。稲垣先生は、いつも教育研究の一線に立ちながら、優しく私たち後続の研究者と教師を「親父」のように、あるいは「同志」として励まし続けてこられた。先生を失った心の空洞は限りなく深いけれど、これからも一生、稲垣先生は私たちの身近にいて、いつもふっと現れ出て私たちを導いてくださるに違いない。そういう存在なのである。

二、一途な研究の歩み

稲垣先生の教育研究は、『明治教授理論史研究―公教育教授定型の形成』（博士学位論文、公刊1966年、増補版1995年、評論社）を起点とし、『長野県教育史』（教育課程篇編纂、『近代日本教科書教授法資料集成』（1982年　東京書籍）、『日本の教師』（1993年　ぎょうせい）の編纂へとつながる教育方法の歴史研究、「教師の意識構造」（修士論文を起点として「教育実践の構造と教師の役割」（『現代教育学』1961年　岩波書店）、『教師のライフコース＝昭和史を教師として生きて』（1988年　東京大学出版会）に連なる教師研究、そして『アメリカ教育通信―大きな国の小さな町から』（毎日出版文化賞、1977年　評論社）から『子どものための学校―イギリスの小学校から』（1984年　東京大学出版会）にいたる教室と学校の比較研究などの多領域に及んでいる。しかし、稲垣先生ご自身が明言され続けたように、教室を基盤とし教師と協同して展開してきた授業研究は、生涯にわたって、先生の教育研究の中核をなすものであった。

稲垣先生は、いつも誰かと協同の仕事を進められてきた。谷川俊太郎さん、竹内敏晴さん、石井順治さん、私と一緒に執筆した『詩の授業』『「にほんご」の授業』(国土社)、このメンバーに河合隼雄さん、佐伯胖さんらを加えた『シリーズ　授業』(全10巻・別巻1岩波書店)をはじめ、授業研究においては、絶えず教育学の研究者以外の専門の方々を呼び込んで、教師との協同研究を推進された。

しかも稲垣先生は、いつも一人、自立的で独創的な道を開拓し続けてこられた。先生のこのスタイルには、教育学者にありがちな「独善主義」と「徒党意識」に対する拒絶があり、大学人にありがちな現実から逃避した孤立に対する批判が込められていた。内にも外にも「開く」ことによって一人ひとりが対等な関係で結ばれる自律的な教育者の連帯の姿を自らの生き方で示されたのである。先生は、絶えず「一人でもできること」を追求され、「ワン・オブ・ゼム」として自らの役割を定位するスタイルを堅持されてきたのである。

三、授業研究の歩み

稲垣先生の生涯の仕事の中心は授業研究と教師の専門家としての成長の促進にあった。

わが師・稲垣忠彦先生（写真提供／『信濃教育』編集部）

先生の対象とした授業の事実とは、心理的事実や認識論的事実であると同時に、社会的歴史的事実であり、文化的実践の事実であった。

稲垣先生は、教育研究の官僚的で閉鎖的な制度化に対して、最も敏感に反応し抵抗を挑み続けた教育研究者であった。「教師の自律性（オートノミー）」を基軸として「授業を開く」こと――。先生がいつも幅広い人々と連帯しつつ、孤高を辞さず、独自の歩みを進められてきたことの一つは、「自律性」を喪失して「閉鎖性」を深める教師に対する危機意識が、授業研究の思索と行動において貫いていたからである。

稲垣先生の授業研究は教師との協同の事業であった。その協同は、最初に赴任された東北大学・宮城教育大学の位置する仙台の教師たちとの「実践検討会」に始まり、東京大学に着任してからは、「教育科学研究会・教授学部会」（教授学研究の会）における斎藤喜博を中心とする教師との協同、東京大学において26年間続けられた「第三土曜の会」、「国語教育を学ぶ会」における東海・関西の教師たちとの協同、さらに、東京大学を定年退職後は、滋賀大学で現職教育、帝京大学で教師教育と国語教育、そして2001年からは10年間、信濃教育会教育研究所長として現職教育の仕事に専念されて、教師との協同による授業研究を一途に続けてこられた。

稲垣先生にとって、教師との協同は授業研究そのものであった。先生の授業研究とは、教師との協同を通して授業の新しい事実を教室に創造するいとなみであった。世界各国で、今日、授業研究は「レッスン・スタディ」として広く普及し「アクション・リサーチ」として性格づけられているが、先生は、授業の「アクション・リサーチ」のスタイルを欧米の研究者よりも25年も早く創始されていた。さらに言えば、その「アクション・リサーチ」は、授業の観察と記録と批評を基礎として教職の専門性を開発するという、欧米では１９８０年代半ばに焦点化される「ケース・メソッド」の方法を、先生は１９６０年代半ばから実践し研究してこられた。授業研究をベースとして教職の専門性を開発する方法は、大正期以来、日本の教師文化のインフォーマルな伝統に支えられてきたのだが、先生は、その伝統をまっすぐに継承することによって、国際的に見ると、きわめて先駆的な教育研究のスタイルを欧米の教育学者よりも20年も早く開拓されてきたのである。

四、実践の学としてのペダゴジー

稲垣先生の教師との協同による授業の事実の創造と教職の専門性の開発という授業研究のスタイルには、教育研究と教育実践の二元論の克服を志向する精神が息づいている。研究と実践の二元論の克服は、しかし、両者の予定調和的な融合を意味するものでもなければ、一方を他方に移し込むことで達成されるものでもない。それは、教育研究が研究として自立し、教育実践が実践として自律性を獲得する過程において、教育研究が教育実践を内在化し、教育実践が教育研究を内在化するという、相互媒介的な関係において実現されると言ってよいだろう。この困難な事業を達成することの難しさとそこに生ずる数々の軋轢について、稲垣先生は、時には苦々しい体験をとおして誰よりも熟知してきた研究者であった。「実践者に学ぶ」という稲垣先生の言葉は、簡潔な表現の中に、研究者と教師の協同において上記の相互媒介的な関係が成立するための原則を示している。

稲垣先生の教師との協同によって創造される教育学は、「技術知（テクネー）」と「実践の見識（プロネーシス）」による教育学（ペダゴジー）であった。

この教育学（ペダゴジー）は、著者の恩師であり東京大学教育学部の創設の父とも言える海後宗臣先生の教育学部構想と直結している。事実、稲垣先生は、終生、海後先生への尊敬の念を抱き続けておられた。東京大学教育学部の教育学は、創設当初、教育実践の研究を中心に諸々の関連領域の基礎研究を統合する学問として性格づけられていた。この戦後教育学の革新的伝統こそが、稲垣先生の授業研究の母体であった。稲垣先生の教育学の歩みは、その意味で、東京大学教育学部の創発した戦後教育学の伝統を正統に継承し、その精神を生涯にわたって磨き上げ発展させてきた歴史であった。その中核に授業研究が位置づいていたのである。

五、教師と共に

稲垣先生の授業研究は、生涯をとおして教師と共に進められた。稲垣先生にとっての授業研究は、教育の事実を創造する教師の苦難に満ちたいとなみを理解し励まし援助し、その努力に連帯する実践を意味していた。授業研究会の場における稲垣先生の発言は、どんなに厳しい批評の言葉にも教師に対する共感と信頼と期待が込められていた。事実、数えきれない教師たちが、稲垣先生との協同による授業研究を通じて、支えられ、励まされ、育てられている。その関わりは、何かを指導して実践を援助するというものではなく、実践と成長の課題を教師と共有しながら、一人ひとりの労苦と悩みを理解し、そこに稲垣先生ご自身の成長の契機も見いだす方法で、その結果として教師が専門家として成長するというスタイルで遂行された。その関わりは見事というほかはない。

それだけに、教育実践に背を向ける研究、授業実践を高所から裁断する批評、授業者に傷を負わせる研究者に対する憤りも激しかった。私は、そういう稲垣先生を敬愛し、その厳しさに信頼に値する優しさを見てきた者の一人だが、教育学を専攻する研究者の中には、その憤りを理解しえなかった人も存在したに違いない。そういう教育研究者の奢りや偏狭さを嘆きながらも、稲垣先生は傷つきやすい状況に身をさらす危険を承知のうえで、なおも、一人でも多くの教育研究者が教室の内側に身をおき、教師との確かな連帯を形成することを要求し続けられてきた。いつも孤高でありながら、いつも稲垣先生の授業研究は教師たちに開かれていた。

稲垣先生は、学部3年生のときの長野県からの派遣研究生であった河原利蔵先生との出会いが、その後、生涯にわたる教師との協同の出発点であったことを繰り返し記されている。つまり、稲垣先生の教育学は、教師と共に生き教師に学び教師の仕事を支える教育学であった。稲垣先生ほど、教師との親密な連帯を築き、教師から学び続け、ありあまる希望を教師に託した教育学者は他にいない。その研究スタイルは卓見であった。その一例を私は、1961年に執筆された「教育実践の構造と教師の役割」(岩波講座『現代教育学』第18巻)に見ている。この論文は、わが国で最初に「専門家としての教師」という教職概念を学術的に提示した論文と言ってよい。「教師=労働者」論が教育学と教育運動において席巻していた時代に、「専門家としての教師」像を提示されている先見性は驚嘆すべきである。しかも、その論拠をデューイの教育哲学によって基礎づけている。世界の教育学者が、教師研究においてこの論文の水準に達したのは25年も後のことである。

六、斎藤喜博、林竹二と先生

稲垣先生の授業研究が、教師との協同によって教師の専門家としての成長を支える研究として結実した背景には、斎藤喜博をはじめとする教師との親密な協同の実践と研究があった。なかでも斎藤喜博との出会いと協同は、教育科学研究会・教授学部会（この部会は勝田守一先生を中心とする「認識と教育」部会を稲垣先生が引き継ぎ、斎藤喜博との協同で発展させた。後に「教授学研究の会」として独立）に始まる。授業づくりを教師の自己変革とつなげ、さらに授業づくりを中心に学校づくりを推進する教職専門性の開発へと結合する構造は、斎藤喜博との協同の実践と研究によって形成された。稲垣先生の授業研究、教師研究の骨格はここで形成されたと言ってよい。

しかし、稲垣先生と斎藤喜博との親密な関係は、稲垣先生がアメリカの在外研究から帰られた1977年、斎藤喜博の一方的な絶交によって断たれてしまう。在外研究の出発の前、稲垣先生は林竹二を教授学研究の会に呼び込み、稲垣先生の勧めによって林竹二は授業の行脚を開始するのだが、ある研究会で林竹二が、教師が子どもに教え込む授業においては子どもの中の出来事としての学びが見失われていると指摘し、そのことが暗に斎藤喜博を批判したものとして斎藤によって受け取られ、斎藤は教授学研究の会に林を参加させた稲垣先生との絶交を行ったのである。

このときの稲垣先生の苦悩と煩悶は、そばにいて痛々しいほどであった。一時は、もう稲垣先生は授業研究から身をひいて、アカデミズムの世界に没入されるのではないかと思ったほどである。やがて、稲垣先生は林竹二とも距離をおくようになる。決定的だったのは、林竹二が『教育亡国』（筑摩書房）を出版し、稲垣先生に書評を依頼したことである。戦後民主教育の反動の立役者である田中耕太郎を戦後教育の頂点に位置づける『教育亡国』の叙述は、稲垣先生にとっては承認しがたいものであった。林竹二に対する失望も、斎藤喜博に対する絶望と同様、深いものがあった。（稲垣先生は、これらをめぐる煩悶についてどこでも公言されることはなかった。私と稲垣先生との私的な会話では、先生が亡くなられるまで30年以上も語り続くことになるのだが。私は、一言も公言されてこなかったところに、稲垣先生の矜持を見ている。）

七、教師に学ぶ

斎藤喜博からの絶交を経た１９８０年以降、稲垣先生は、再び不死鳥のように新たな授業研究を推進されることとなる。「教師に学ぶ」という言葉に示される学問的態度が、そして「ワン・オブ・ゼム」という言葉で表現された教師との対等で民主的な関わりが、稲垣先生の授業研究と教育学研究の精髄を形成することとなった。私は、この再出発が歩み出されるとき、稲垣先生から学問的指導を受け、同時に、教師との協同研究に先生と一緒に参画した。私にとっては、まさに幸運であった。

稲垣先生の授業研究の再出発において連帯した三人の教師がいる。一人は、東京都の教師である前島正俊さん、二人目は長野県の教師である牛山栄世さん（故人）、三人目は三重県の教師である石井順治さんである。そして、この再出発において連帯した教育研究者として佐伯胖さん、そして若輩ではあったが私がいて、後に、そこに秋田喜代美さんが加わることとなる。これらの人的ネットワークの中心において、稲垣先生は、新たな授業研究と教師教育の創出に邁進されてきた。１９８０年から逝去されるまで、稲垣先生の授業研究はこのネットワークによって展開されてきた。その歩みは、確かな見識と展望によって、誰もがなしえない実績として輝いている。

授業研究の再出発は、「授業カンファレンス」と呼ばれる授業のビデオ記録を活用した教職専門性の発達を促進する事例研究の開発と普及によって口火を切られた。この新たな展開において前島さん、牛山さん、石井さんは稲垣先生との協同の研究と実践を担うこととなる。さらに、この展開は、石井さんと私との協同によって谷川俊太郎、竹内敏晴さんを巻き込んだ『詩の授業』『「にほんご」の授業』の出版に結実する研究へと発展し、さらには、稲垣先生を中心に、河合隼雄、谷川俊太郎、竹内敏晴、佐伯胖らが協同で授業実践の事例研究を行う「シリーズ　授業」の企画と刊行へと発展した。（稲垣先生は、生涯にわたって、出版の企画においても並外れた編集能力を発揮されたことも特筆しておこう。）

稲垣先生が多くの著作で繰り返し記されているように、「シリーズ　授業」の企画と編集は、一方に授業の実践者を擁し、もう一方に専門の学者と文化人を擁して、個別の具体的な授業実践の実例を批評する挑戦であり、その過程において、教育学者としての能力と責任を最も厳しく問われるものとなった。その厳しさを稲垣先生は真っ正面から受け止め、先生ご自身の授業研究の思想と理論を鍛えられておられた。それは、一方では魅惑的な知的興奮の経験であると同時に、もう一方では過酷なほど厳しい試練の場でもあった。そのことは、教育学者として同席した私も同様であった。

この挑戦と経験を経て、稲垣先生の授業研究はよりいっそう「教師から学ぶ」というスタンスを鮮明なものとし、教職専門性の開発を促進する授業研究のスタンスを明確なものとしていた。そして、このスタンスは、１９８０年代半ば以降、世界の教育改革の中核的主題となった教職の専門職化と教師と学校の自律性の形成という国際的な教育学研究の動向とも合致していた。稲垣先生の研究の歩みは、その生涯をとおして、絶えず内にも外にも開かれていた。自らの内に探究すべき問題を生み出しながら、しかも、自己の内側の問題の探究が、日本社会全体の課題につながり、世界の学問的動向ともつながるというところに、稲垣先生の学問のすごみがある。

八、授業研究と教師教育

稲垣先生の授業研究は、その後も「教師から学ぶ」ことと「教師を育てる」ことに向けられていった。稲垣先生と前島正俊さんを中心とする「第三土曜の会」は東京大学在任中の26年間も継続し、東京大学を退官された後も「これからは原点にもどって教師教育に専念したい」と、アカデミズムの枠から抜け出すように滋賀大学教育学部への再就職を希望されて、そこで現職教育の仕事に5年間携わられ、さらに帝京大学においても5年間「教師を育てる」仕事に打ち込んでこられた。そして、２００１年から２０１１年に亡くなられるまで、牛山栄世さんの協力のもとに信濃教育会教育研究所の所長として、「教師に学び、教師を育てる」仕事に専念されてきた。その情熱とエネルギーは、70代とは思えない若さと活力に満ちていた。そして、時には壮絶でさえあった。稲垣先生は、もはや治癒の見込みがないことを宣告された病床において死の前日まで、最後の生命力を振り絞って、信濃教育会教育研究所の教師の研修の仕事を続けられていた。その姿を病床で拝見し、教師たちへの熱い希望を語る言葉を聴きながら、私は、改めて稲垣先生の教師の仕事への限りない敬愛と教師の成長への一途な願いに触れ、先生に対する畏敬の思いを深くし、その存在の大きさに感嘆せずにはいられなかった。

稲垣先生の教育学は、日本の教育学の中で教師の授業実践を中核とする教育学として稀有の存在であり、稲垣先生の教師との協同の一途な歩みは、日本の学校と教師の未来を開く希望を創出する偉業を達成している。私にとっても、多くの教師にとっても巨星のような存在であった。

稲垣先生を喪失した哀しみは、いつまでたっても消え去ることはないだろう。それどころか、日々、その喪失の大きさを実感するばかりである。しかし、もう一方で、今も「いやあ、稲垣です」という声が玄関先で聞こえることがしばしばある。先生は、これからも私たちの中にいつまでも生き続け、「教師から学び、教師を育てる」教育研究の一途さによって、教師の授業実践と授業研究を支え続けてくださるに違いない。その伝統と学恩をいつまでも大切にしたい。

〈初出〉
『学び方』（日本学び方研究会）３１１号・３１２号

あとがき

本書は『総合教育技術』の２００９年４月号から２０１２年３月号まで計36回連載した「学校見聞録」を一冊に収めている。

この連載を掲載した3年間は、日本各地の学校が、学力テスト、数値目標による評価によって硬直化し、子どもの貧困率の増加、経済不況による地域の崩壊、東日本大震災と福島原発事故による放射能被害と、続けざまに幾多の危機と困難に直面した3年間であった。連載の当初は予期していなかったことだが、各学校の地域の現実、子どもの現実、教師の現実に直に触れながら、授業の創造と学校改革のリアルな様相を記述する企画はまっとうであり妥当であったと思う。

しかし、いくら学校と地域の現実、子どもと教師の困惑や苦悩や喜びをその場に居合わせた者の実感によって伝えようとしても、数々の困難に直面したことも事実である。一つひとつの学校を訪問し教室を参観して叙述したいことは山ほどあっても、子どもや教師の個人のプライバシーを侵害することは許されないし、地域や学校や教師に対する予期せぬ風評を引き起こす結果になることも絶対に避けなければならない。それらのいくつもの壁を越えて、「学校見聞録」を現代日本の各地の学校改革の息吹と教師たちの実践の実像として描き出すことは容易ではなかった。読者の方々には、このあたりの事情を斟酌して、十分描ききれなかった事柄を想像力で補って読み進めていただきたい。

本書の各章を執筆した3年間は、個人的には10か月に及ぶ休職と入院・治療によって、奇跡的に一命をとりとめた期間を真ん中にはさんでいる。「奇跡的」と記したが、まさに奇跡的としか言いようのない卓越した名医中の名医による診断と手術による健康の快復であった。私の健康をめぐっては、この10年近く、多くの方々に心配をかけ続けてきたが、完璧に健康を取り戻したことをお伝えし、感謝申し上げたい。

長期にわたって病気療養に専念せざるをえなかったため、本書の連載は当初の計画通りには進展しなかった。この困難な条件にもかかわらず、本書を執筆し公刊できるのは、学校の訪問を受け容れていただき、私と協同で改革に取り組んでいただいた数限りない教師、校長、教育委員会の方々のおかげである。そして、この困難な条件にもかかわらず、連載を途絶えることなく支援し、本書をまとめあげる労をとっていただいた小学館　総合教育技術編集部の小笠原喜一さんのおかげである。ここに心からの謝意を記したい。

最後に、本書の執筆中、恩師の稲垣忠彦先生を失った哀しみについて付言しておきたい。私の授業研究、学校改革研究は、そのほとんどを恩師の稲垣先生から学んだことに負っている。大学院進学以来、37年間、稲垣先生は最大の恩師であり、最良の同志であり、最愛の「父」でさえあった。先生の追悼の意味もあって児童教育振興財団の「日本学び方研究会」の雑誌『学び方』に執筆した追悼文を本書に収めた。先生のご冥福をお祈りしたい。

２０１２年６月11日

著者紹介
佐藤 学
1951年広島県生まれ。教育学博士、学習院大学教授。三重大学教育学部助教授、東京大学教育学部助教授、東京大学大学院教育学研究科教授を経て現職。アメリカ教育学会名誉会員、全米教育アカデミー会員。日本教育学会前会長、日本学術会議第一部部長。

〈主な著書〉

『教師たちの挑戦―授業を創る　学びが変わる』『学校の挑戦―学びの共同体を創る』『教師花伝書―専門家として成長するために』（以上　小学館）『カリキュラムの批評―公共性の再構築へ』『教師というアポリア―反省的実践へ』『学びの快楽―ダイアローグへ』（以上　世織書房）『教育方法学』『授業研究入門』（稲垣忠彦との共著）『「学び」から逃走する子どもたち』（以上　岩波書店）『学校改革の哲学』（東京大学出版会）ほか、多数。

学校見聞録　学びの共同体の実践

2012年7月7日　初版第1刷発行

著者　佐藤 学

発行人　伊藤　護
発行所　株式会社　小学館
　　　　〒101-8001 東京都千代田区一ツ橋2-3-1
電話　　編集 03-3230-5548
　　　　販売 03-5281-3555
印刷所　三晃印刷株式会社
製本所　株式会社若林製本工場

Printed in Japan　ISBN978-4-09-837399-4